改訂版

よくある

「病名」より目の前の子ども！

子どもの病気・ケガ まずの対応マニュアル

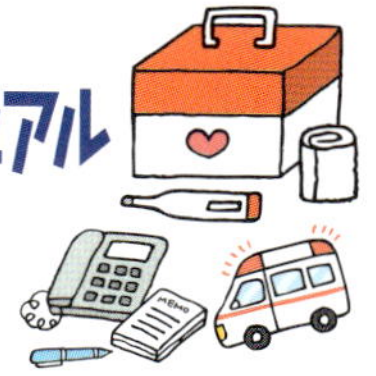

看護師
新谷まさこ／著
医学博士
福井聖子／医学監修

新人れーこ先生の「どうする!?」マンガ付き！

ひかりのくに

本書の使い方

不調、ケガ発生!!

まずのケアから保護者・医療機関への連絡まで

状況と経過に応じてすぐに使える！

発生時

Step1…まずのケア！

Step2…観察のポイント

こんな症状は医療機関へ！

安静時

Step3…楽にしてあげるために

お医者さんに聞きました

安静時

Step4…保護者への対応とおうち看護のポイント

状況説明の具体例

子どもの不調・ケガ別もくじ

熱

● 考えられる原因

感染症　　疲 れ
炎 症　　血液の病気
のぼせた　　脱 水
運動の後

熱中症 ⇒ P.10

熱は、主に体がウイルスや細菌を退治しようとしている反応

どうして熱が出るの?

子どもの発熱の大半はウイルスによる感染といわれています。発熱は、体内に入り込んだ細菌やウイルスを、体内の温度を上げて増殖・活性化を防いでいる状態です。子どもには生まれつき免疫力があります。しかし、有害なものと接触した経験がないため、ひとつひとつ経験して体を強くしていきます。この経験は生後6か月~2歳ごろによくあります。熱が出ていることは、免疫力ができている証拠でもあります。

熱が出た！ どうする!? 新人わーこ先生

きたっ！ 熱体験!! よくある発熱、どう対応する!?（B君 1歳児）

4ステップで、こうしてほしい＆こうするべき！がすぐわかる

発生時 Step1 まずのケア！ P.6
発生時 Step2 観察のポイント P.8
安静時 Step3 落ち着いてからのケア P.12
安静時 Step4 保護者への連絡 P.14

まずはこれ！ 熱が出たときのケア

発熱による不快を和らげることから

ほっぺとおでこの検温から

まずは数字より子どもの体温を感じてみましょう。

全身をくるむようにだっこし、首筋に手を当てておなかを密着させながら自分のほおと子どものおでこをくっつけると、熱いかどうかがわかりやすいです。

触れて熱の有無を診ることの重要性は、ケンブリッジ大学の研究で発表されています（2000年小児科学年鑑）。

放熱しやすいようにお手伝い

① 服を1枚脱ぐ 薄着にする

服を1枚脱いだり、ゆとりのある服に着替えたりして風通しをよくしてあげます。

② 水分補給

のどが渇いていなくても、「こまめに少しずつ」水分をとらせて補給しましょう。

③ 安静

熱が出ているときには、体の内側にエネルギーが向くよう、体は休ませてあげます。

④ 気持ち良く冷やす

氷枕をすると気持ち良いかなー？
うん！

ひんやり気持ち良い程度で、氷枕を使ったり、わきや股関節に氷や保冷剤を使ったりします。

子どもへのことばがけ

① 本人へ

発熱している状態は「なんだかわからないけど不快」な状態です。暑苦しいし体もだるい。息も苦しい…。

こんなときは心も弱ります。でも、実際は免疫が働いている状態なので、「がんばってるね！」「強いね！」と、応援の言葉をかけてあげましょう。

② ほかの子どもたちへ

○○くん強いね！ばい菌出てけ〜！って体が熱い体温にして追い出そうとがんばってるよ！
なでなで

保育者が急に慌ただしくすると、何があったのか子どもたちは気になります。その場を離れるときなどは、「○○くん、お熱が出たんだよ」「お熱はばい菌やウイルスが早く出ていくように働いているんだよ」「先生も応援しているんだよ」など、発熱へのことばがけをしていきましょう。

お熱はばい菌やウイルスが早く出ていくように働いているんだよ!!

こんな発熱は心配！

この場合は救急車

- けいれんが起きている

早めの受診が必要

- 月齢が3か月以内
  → **強い感染症の疑い**
- 肩で呼吸・鼻の穴が膨らむ呼吸
  → **相当な呼吸困難**
- 耳が痛い
  → **中耳炎の疑い**
- 頭痛・首が堅く回らない・おう吐
  → **髄膜炎の疑い**
- 受け答えができない・目の焦点が合わない・眠り方が変
  → **意識障害の疑い**

熱のときの観察のポイント

全身状態の変化をすばやくキャッチ！

熱が出たときの観察チェック

これはできるかな？
まずはチェック！ 子どものようす

□食べる　□眠る　□遊ぶ

出ているもの（熱）
- □ 体温（℃）
- □ 汗
- □ おしっこ回数・量
- □ ほかの症状（せき・おう吐・下痢・発疹　など）

子どもを見よう！
- □ 水分がとれるかどうか
- □ 顔色
- □ 本人の言葉
- □ 抱きつく力

状況は？
- □ 時間
- □ どうして気がついたか

熱の病態

子どもは発熱により、体が疲弊し食欲が落ちて意欲もなくなります。また、熱が続くことで、脱水が起こりやすくなります。

体は通常より体温が上がると、汗を出して体温を下げます。しかし、子どもは汗を出す腺は大人と同じだけあるのに、体は小さいので大人よりずっとたくさん汗をかきます。そして水分不足から熱は下がらず、体はずっと働き続けている状態になります。

子どもが発熱したときは、脱水に気をつけながら、熱による疲労と全身状態の変化を見ていきましょう。

大切な情報をメモ

ふだんとは違う高熱の状態は、子どもの栄養や体力を相当使います。子どもがだいじょうぶかどうかは、きげんや食欲で計り、数値は目安です。

熱の高さは、それだけの温度を体内で出さないと、体内に入ったウイルスや細菌の活動を抑えきれないから必要として出ているものです。

B君の病状のお知らせ
（1歳6か月）

体重　11.2kg（5月計測）
体温　38.0℃（15：30計測）

主な病状…（熱）
- 汗なし。
- おしっこ（9：00、11：00、12：30、14：30）
- 他の症状特になし。

現　状
- 食べる…お茶のみ。おやつは食べない。
- 寝　る…だっこすると寝る。
- 遊　ぶ…だっこから下ろすと泣く。

経　過

8：20	登園　検温36.5℃
午　前	室内を独歩で歩く。積み木で遊ぶ。おやつは完食。
12：30	給食はいつもの2/3食べる。
13：30～14：20	午睡
14：30	顔が赤いので計測。37.5℃　お茶飲める。
15：00	38.0℃　保護者へ電話連絡。

※観察チェックの内容を参考に記入。

体温計の温度のウソホント

体温は、使う体温計によって「予測して出た値」と「実測で出た値」に分けられます。

電子体温計は、予測値です。体温の上昇角度から値を予測するため、外が暑くて体温が上がっていただけでも、高熱を示すことがあります。

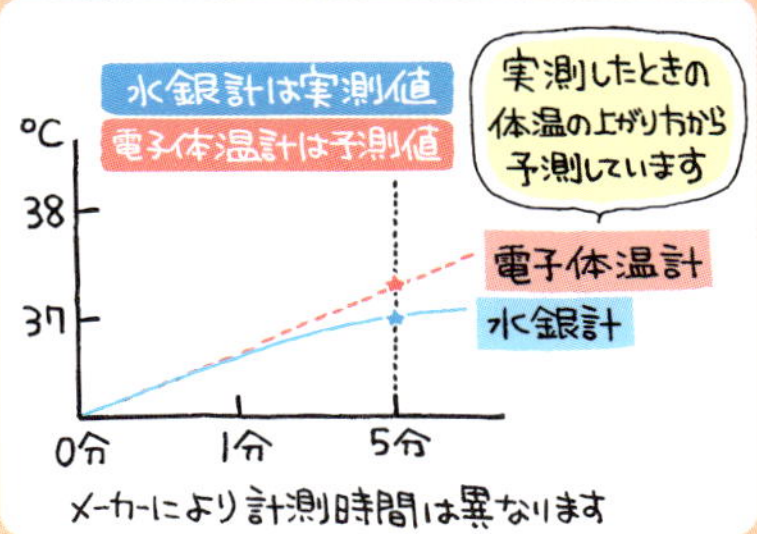

知っておきたいこの病気

熱中症

● 主な症状

・めまい
・大量の汗
・脱力感
・たちくらみ
・頭痛
・吐き気

● こんなときは救急車！

□ 意識がない
□ 飲めない
□ けいれんしている
□ 顔色が青白い

どんな病気？

熱中症は体内に熱がこもることにより、さまざまな病状を引き起こします。高温多湿な環境に長くいると、徐々に体内の水分や塩分のバランスが崩れ、体温調整機能が働かなくなることで発症します。

子どもは身長が低いため地熱の影響も受けやすく、温度調節能力がまだ十分に発達していないので気を配る必要があります。

もしものときの対応

① 涼しい場所へ

エアコンが効いている室内や、風通しのよい日陰などに移動します。

② 安静の体勢

心臓への血液の戻りを助けて安静を図ります。

予防方法

熱中症は適切な予防をすれば防ぐことができます。予防は「水分補給」と「暑さを避けること」が大切です。

熱が、こもらないように帽子は時々外し、服は上下別を着用します。

のどの渇きがなくても、こまめに水分・塩分補給をします。

戸外遊びは涼しい午前中にするなど、暑さに慣れることも予防のひとつです。

③ 体を冷やす

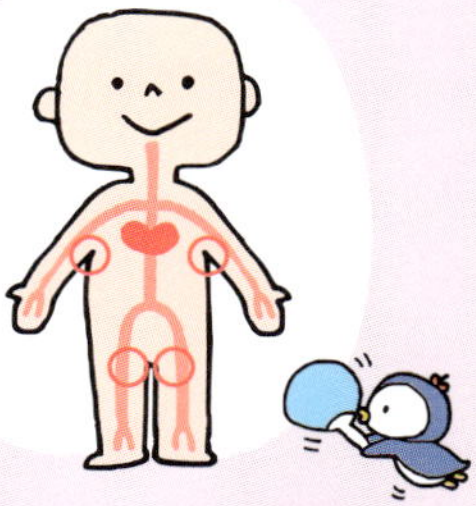

動脈が近い両わきや両股関節に氷や保冷剤を当てると、効果的に冷やすことができます。

④ 水分をとる

スポーツドリンクやイオン水を中心にあげましょう。

⑤ 衣服を緩め、通気性をよくする

ボタンを外したり服をめくったりして、できるだけ風通しをよくしてあげましょう。

⑥ 気化熱を利用する

ぬらしたタオルで顔や胸をふいたり、ぬらしたタオルを胸に置いて風を当てたりすると気化熱でスーッと体温が下がります。

熱中症になったときは
- **涼しい場所へ行く**
- **体を冷やす**
- **水分・塩分の補給**

が大切です!

落ち着いてからのケア

発熱の子を楽にしてあげたい

環境に優しく

窓
時々換気
足元
靴下は
履かせない
服
汗や皮脂で汗腺を
ふさがないよう着替え
敷布団
バスタオルを敷いて
こまめに交換

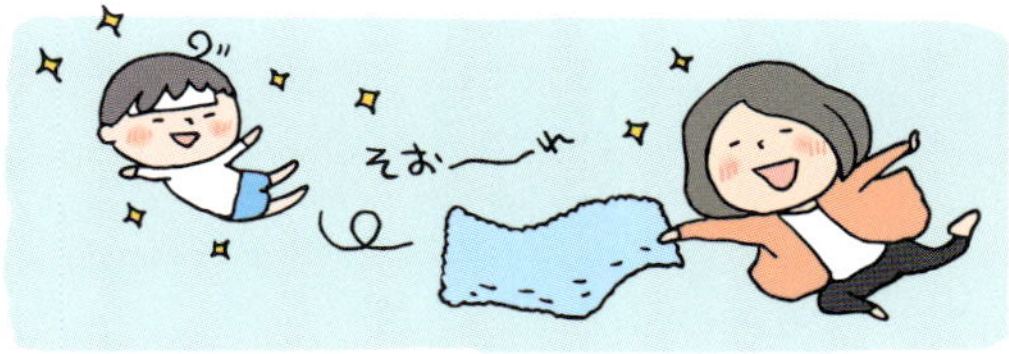
そぉ～～れ

心に優しく

熱は体の免疫反応。体にできるケアが一段落したら、あとは心の免疫もあげて外と内から子どもの持つ自然治癒力をサポートしていきましょう。

ことばがけ例

・がんばっているね
・だいじょうぶだよ
・今がつらいね
・応援しているよ

体に優しく

① 着替え

熱による蒸気や皮脂は衣服に付着することで、通気性が下がります。適宜着替えましょう。

② 「気持ち良く」冷やす

氷枕は熱を受け取り、氷が溶けてぬるま湯にならないように適宜、交換しましょう。眠りについたら冷やすこともお休みにして外してあげましょう。

③ 水分補給

飲む元気がないときは、氷を一片口の中でなめる程度でもOKです。

お医者さんに聞きました

体を温めて汗をかかせたほうがいい？

かぜのときは、「体を温め、汗をかくと早く治る」という考えがあります。しかし、子どもの場合はしぜんに任せましょう。子どもの場合は、体温中枢が未発達なので発熱時にさらに汗をかかせると、脱水や熱中症を引き起こしかねません。本人が気持ち良く過ごせる程度で十分です。

保育者から保護者への連絡

継続したケアを実施するために

「熱がある」と言われたときの保護者の気持ち

「高熱が出た」と言われると、「重症なのでは?」「脳に影響はないのか?」と、心配になります。その度に、仕事や予定を変更し急いでお迎えに向かいます。母体免疫から自己免疫に変わる生後6か月～2歳ごろの間に特に繰り返し経験します。そのため「熱が出たのでお迎えに来てください」と、事務的な連絡をされるとやりきれない感情を持つこともあります。おう吐などしていないか、飲食はできているか、どこで寝ているかなど、今のお子さんの状態を伝え、安心のひと言を添えてあげましょう。

保護者への連絡例

場　面

急な発熱があったＢ君の保護者にお迎えの連絡をする。

↓

伝えたいこと

- お迎えに来てほしいこと。
- 本人の状態。

↓

説　明
（だれが・いつ・何があったか・どのようにかかわったか）

「Ｂ君が今日はいつもより少し元気がないな、と思っていましたら、14:30 ごろに熱が 37.5℃出て、今は 38℃あります。午睡明けすぐだったので、熱がこもったのかなと経過を見ていたのですが、熱は上がり、今はお茶を飲むのもいやがるくらい元気がありません」

↓

次にすること

「お仕事を中断させてしまって申し訳ありませんが、お迎えに来ていただけますでしょうか？」

↓

フォロー

（保護者了承後）「ありがとうございます。少しでも体を休ませられるように、事務所（職員室）で冷やしながらお待ちしていますね」

保護者に伝えたいおうち看護の例

① 本人のペースで安静

子どもの体はうそをつきません。目が届く範囲程度で、疲れない程度に自由にさせてあげましょう。

② 食事

発熱によるカロリーの消費と胃腸の疲労負担を考えて、油物や添加物は避けた食事にしましょう。

③ 清拭

体をふくと皮膚が清潔になります。またタオルからの水分が気化熱となり、こもった熱を放出する手伝いをします。

④ 大笑いで免疫アップ

笑顔の中でも、声を出して笑うと免疫細胞が活性化します。奥の手は、くすぐり作戦です。

冷却シートは冷えない?

冷却シートははると気持ち良いですよね。しかし、解熱効果はありません。お熱あるよ、のマークだと思って楽しむ程度と、はったときのヒンヤリ感を味わう程度で使いましょう。

体温は朝と夜は違う!

よく、夜に熱が出るのに朝は下がる! というのは体の体温リズムに沿っているから。慌てず子どものようすを見ていきましょう。

せき

● 考えられる原因

ノド・鼻の炎症　乾燥
誤嚥・誤飲　寒冷
大泣きの後　おう吐
心因性
ほこり・花粉・アレルゲン
ぜんそく発作 ⇒ P.22

せきは、肺に有害な物質を侵入させないための反応

どうしてせきが出るの？

せきは、肺を守るためにウイルスや細菌、ほこりなどの異物を外へ追い出そうとする体の防御反応です。これらを追い出し切れず感染が起こると、気管に炎症が起きて、のどの粘膜が腫れたり、気管が狭くなり、さらにせきが誘発されやすくなってしまいます。

せきが出た！

どうする!? 新人れーこ先生

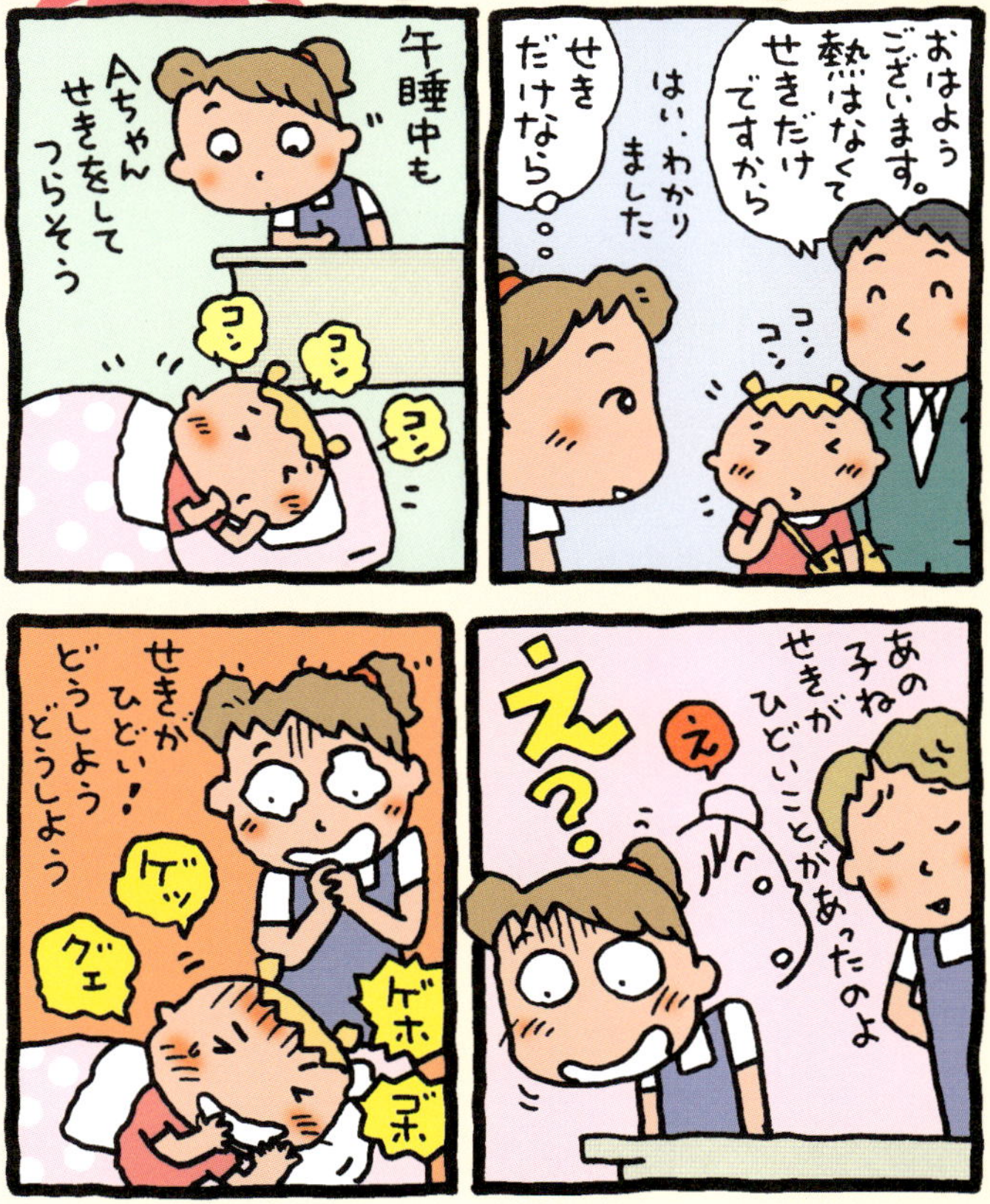

せきがだんだんひどくなってきた、どう対応する!?（Aちゃん　4歳児）

4ステップで、こうしてほしい＆こうするべき！がすぐわかる

- 発生時 Step1 まずのケア！ P.18
- 発生時 Step2 観察のポイント P.20
- 安静時 Step3 落ち着いてからのケア P.24
- 安静時 Step4 保護者への連絡 P.26

発生時：Step1
せき

まずはこれ！ せきが出たときのケア

せきによる息苦しさを和らげることから

急なせきは誤飲の疑い

熱もなく今まで元気だった子どもが急に詰まったせきをしたり、のどを押さえたりしているときは、誤飲を疑って！

ゴホッ…
ポンッ！

呼吸しやすいようお手伝い

① 体位で工夫

本人の楽な姿勢
ラッコ抱きや
縦だっこなど

基本的には本人が楽な姿勢でOK。赤ちゃんには縦だっこがおすすめ。

② せきの振動を吸収

ゴホッ
ゴホッ
ぎゅ

せき込むときに上半身が揺れるので、抱き枕や縦だっこで揺れ幅を少なくしてあげます。

③ 水分をとる

コン!!
コン!!
せきの合間にひと口ずつ水分をとる

粘膜の乾燥による刺激を和らげます。冷たいとのどがきゅっと収縮するので、常温～ぬるめの温度で。

④ 深呼吸をリード

せき込むと肩で浅い呼吸をしがち。ひと呼吸落ち着いたころには、「吸って・吐いて」の深呼吸の声かけを。

子どもへのことばがけ

① 本人へ

せきが出ているときは息苦しいし、時には、のどがヒリヒリ痛いから、「せきが出るのはいやなことだ」と思われがちです。でも実際は肺を守るために異物を吐き出しています。がんばっているね、というねぎらいの気持ちでかかわってあげましょう。

② ほかの子どもたちへ

「せきのときは、お口に手を当てようね」「ばい菌やつばが飛ばないようにしようね」と、せきのエチケットは、せきをしている子どもだけではなく、周りの子どもにも教えてあげましょう。

こんなせきは心配！

この場合は救急車

● のどや胸を押さえて詰まったようす
→ **誤飲の危険！**

早めの受診が必要

● 高熱が出ている
→ **感染症の可能性**

● 肩で呼吸・鼻の穴が膨らんでいる
→ **十分な酸素が取り入れられない呼吸困難サイン**

● ゼイゼイ・ヒューヒュー・ケンケン・バウバウの音のせき
→ **重症な呼吸感染症を疑うせき**

せきのときの観察のポイント

呼吸の変調をすばやくキャッチ！

せきが出るときの観察チェック

**これはできるかな？
まずはチェック！ 子どものようす**

□食べる　□眠　る　□遊　ぶ

出ているもの（せき）

□ せきの音
□ せきの持続性
□ 鼻水
□ ほかの症状（熱・おう吐・痰　など）

子どもを見よう！

□ 息苦しさ（肩で呼吸・小鼻が膨らむ・息継ぎのようす）
□ 水分がとれるかどうか
□ 顔色・つめや唇の色
□ のどの痛みや声
□ 本人の言葉

状況は？

□ 時間
□ どうして気づいたか

せきの病態

子どもはせきにより息苦しさとのどの痛みと疲れを経験します。せきが出ることで、食べにくくなり、夜は眠りにくくなり、体力がなくなりやすくなります。たくさんの息をしようとすればするほど、のどは乾燥し、粘膜はきずつきやすくなり、せきを誘発します。

子どもがせきをしているときは、呼吸のぐあいを見ながら、水分・栄養補給を心がけていきましょう。

Aちゃんの病状のお知らせ
（4歳0か月）

体重　14.5kg（8月計測）
体温　36.6℃（13：45 計測）

主な病状…（熱）
- コンコンとした乾いたせき。
- せき込むのと落ち着くのを繰り返している。
- 鼻水なし。ほかの症状も特になし。

現　状
- 食べる…昼食・おやつ全量食べる。
- 寝　る…午睡 30 分し、せきで起きる。
- 遊　ぶ…いつもほど走り回らず、座る。

経　過
7：45　登園　父より3日前からのせきがまだ続いていると申し送りされる。検温 36.4℃
午　前　せきなし。
12：30　給食はいつもの 2/3 食べる。
13：00～13：30　午睡　時々乾いたせきがある。むせ込んで起きる。のどが赤い。水分をとって落ち着く。
午　後　午前と同じように遊ぶ。
17：30　お迎え（予定）。

※観察チェックの内容を参考に記入。

大切な情報をメモ

空気の出入りが悪いと、体の中で酸素不足を起こします。そうなると、体は、肩を動かしたり鼻の穴を膨らませたりしてより酸素を取り入れようとします。

酸素不足のとき子どもは、一生懸命に呼吸をしようとしたり、顔色が青白く、唇や爪が青紫になったりします。しっかりと観察して引き継いでいきましょう。

お医者さんに聞きました

せきがひどくて肺炎になりませんか？

せきは、ウイルスやばい菌が、肺まで入り込まないように守る反応です。ひどいせき＝肺炎を疑うひとつの目安ですが、ただののどのかぜの場合もあり、全部が肺炎であるとは断定できません。肺炎は胸のレントゲンを見てハッキリと診断できる病気です。昔の「肺炎になったら半数の子どもが死亡する」といわれていた時代に比べ、現在は抗生剤もあり医療も進んだことで、肺炎で死亡することはほとんどなくなりました。

ただ、かぜなら3～4日もすればせきは落ち着きますが、続いている場合は診てもらうことが、やはりおすすめです。

知っておきたいこの病気

ぜんそく発作

どんな病気？

ぜんそくは、気管支の炎症が慢性的に続いている病気です。

気管支が炎症を起こすと粘膜が腫れて、気道が狭くなります。狭くなった気道に空気が通るとたて笛を吹いているような音（ヒューヒュー）が出やすいのが特徴です。発作が強いと呼吸困難が起こり、危険な状態にもなりやすい病気です。

ただし、乳幼児のころに診断されても、体の成長とともに気管が広くなりますので、中学に入るころには多くの子どもが治っています。

発作を誘発させるもの

体は、体に入るものを常に選択し、不要であれば排出しています。例えば、ほこりや花粉、ちりなど、空気といっしょに吸い込むものはせきで排出します。また食事で、アレルゲン物質の吸収が誘発となり、ぜんそく発作を起こす場合もあります。

空気といっしょ

カビ
ダニ
ほこり
花粉
ペットの毛

5大アレルゲン

MILK
小麦粉
卵
牛乳
大豆
小麦粉
米

もしも発作が起きたら!?

ぜんそく発作が起きた場合、指示されている薬があれば、それを飲ませたり、吸入薬をセットし吸い込ませたりします。

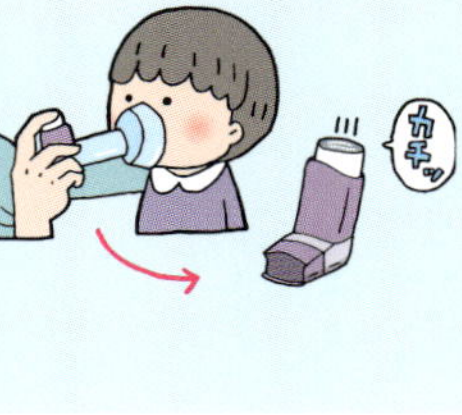
カチッ

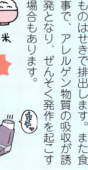

発作の強さと子どもの状態

	小発作	中発作	大発作	呼吸不全
日常のようす	普通にできる	ずっと座っているのがつらい 少ししか歩けない	話しかけられても返事できない 歩けない	● チアノーゼがある → 呼吸できず、顔色が青白く、唇や爪が青紫になる ● 意識障害 → 目がうつろになり、呼びかけに反応しない
喘鳴《ぜんめい》	子どものそばで聞こえる軽いゼーゼーヒューヒュー	1歩離れても聞こえるゼーゼーヒューヒュー	遠くても聞こえる 座り込む	
給食	普通に食べられる	少し食べにくい	食べられない	

↓

園での対応	医療機関受診の準備	すぐに救急車
① 本人に楽な姿勢を取らせる（前かがみ姿勢や後ろに寄りかかる姿勢　など） ② リラックスさせる。本人が可能なら、おなかに手を当てさせて腹式呼吸をリードする ③ 主治医から指示されている薬があれば吸入させたり、内服させたりする。必ず時刻を記録する	保護者に連絡をし、直ちに医療機関を受診する その間に主治医から指示された薬があれば吸入させたり、内服させたりする ※ 呼吸不全の場合は直ちに救急車を呼ぶ	

↓

手当てをして、
- ● 15 ～ 30 分たっても改善しない
- ● 急激に悪化している
- ● 薬を吐いてしまうなどの場合は、保護者に連絡をし、医療機関を受診する

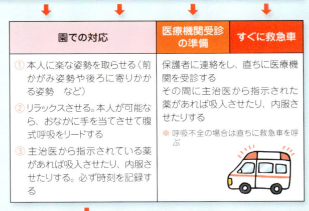

落ち着いてからのケア

せきの苦しさから楽にしてあげたい

心に優しく

特に小さな子どもはせきをする度に、「痛い」「苦しい」と思う経験から「怖い」「いやだ」につながりやすいものです。せきは自分を守ってくれているよ、ということを伝えてあげましょう。

ことばがけ例

- しっかりとせきでばい菌を追い出せているよ
- せきのときはお手てをお口に、エチケットだね♪
- のどが痛かったね

環境から優しく

① 加湿

加湿器を使ったり室内にぬれタオルを干したりするのもいい。

② 換気する

新鮮な空気を入れて、酸素も取り入れましょう。

体に優しく

① 水分補給

のどが乾燥すると粘膜が刺激されやすく、せきを誘発します。水分をとるとのどが潤い、病原体やほこりなどは胃に流れて一石二鳥です。

胃まで流れると胃液の塩酸が退治を手伝います。

② 呼吸のリズムを整える

「吸って・吐いて…」と、ゆっくり深呼吸をリードします。

せきをすると、呼吸も脈も一時的に早くなります。元のリズムに戻るようにあえてゆっくりめでトン…トン…と調整してあげましょう。

③ 体を冷やさない

着脱しやすい羽織（タオルなどでも可）などを利用し、体温調整を心がけましょう。

体が冷えると気管支は収縮し、気道は狭くなります。本人の気持ち良い程度で体温調整をしてあげましょう。

④ マッサージをする

優しくなでる程度の力で背中や胸の辺りをさすってあげましょう。

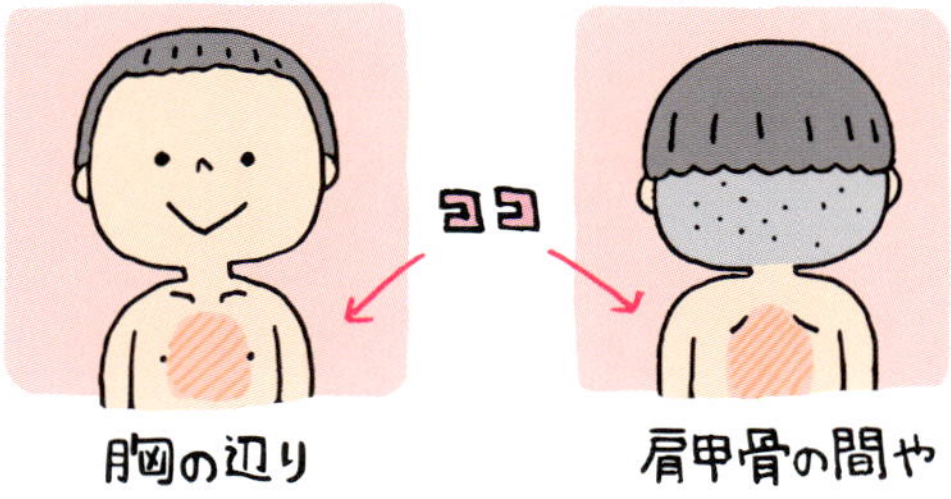

胸や背中には、せきに関する神経やツボがあるので温めたりマッサージをしたりすることで、緩和を図ります。

痰の絡みをポン♪と取る

痰の正体は、口と肺をつなぐ気管の内側を守る粘液に、空気中のゴミや病原体が付着したものです。ふだんはこの粘膜の下にある、じゅうたんのような毛で胃に運び、胃液の塩酸で殺菌しています。しかし、喉や気管に炎症があると働きが弱くなり絡み付いて残ります。

痰が絡んだ「ゴロゴロ」「ゼロゼロ」という、低い音が聞こえるときは、水分をとりサーッと流すことや、おわんを持つ手の形で背中や胸の真ん中をポンポンとたたくと音の振動で、ポン♪と気管からはがれやすくなります。

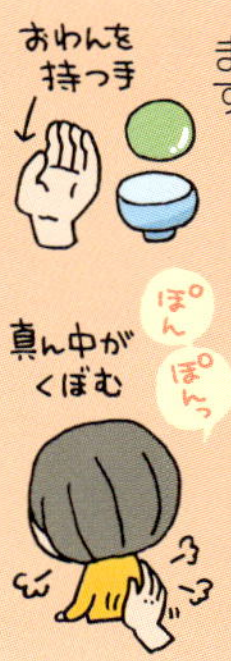

保育者から保護者への連絡

継続したケアを実施するために

「せきをしている」と言われたときの保護者の気持ち

「せきが出ている」と言われるとむせ込む姿や苦しそうなようすをイメージしやすいものです。実際、顔を真っ赤にして、息継ぎもできないほど苦しむ子どもの姿に動揺しない保護者はいません。「なんとかこのせきを止めてあげたい！」と思わせるのが、子どものせきです。

せきはしぜんな反応で出てくるため、せきを止めたり、がまんさせたりすることはできません。「しんどそう（つらそう）なときはこうしてあげてください」など、おうち看護の例を付け加えてあげましょう。

保護者への連絡例

場　面

せきが続いているＡちゃんの保護者にせきの悪化の可能性を連絡する。

↓

伝えたいこと

- せきの悪化
- 感染性がないか診察をすすめる

↓

説　明
（だれが・いつ・何があったか・どのようにかかわったか）

「Ａちゃんのせきが最近続いていますが、今日の午睡中にむせ込むようにせきをすることがありました。体を起こして水分をとらせた後は落ち着きましたが…せきの状態がひどくなっているのではないかと心配で見ていました」

↓

次にすること

「今まで３日間続き、せき込む姿もありますから、早いうちに受診してみませんか？」

↓

フォロー

「眠りについたときに、せきがよく出ているようなので、ぐっすり寝込むまで、体を起こして、もたれる姿勢でだっこしてあげますとずいぶん楽みたいでしたので、ご自宅でもせき込んで眠れないときは試してあげてください」

保護者に伝えたいおうち看護の例

①姿勢・安静

背もたれの姿勢や前かがみで抱きついた姿勢は、重力に従って肺も下がり、肺が膨らみやすくなります。少しでも眠れると神経の興奮は落ち着き、せきも鎮まりやすくなります。

支えがあると
ずいぶん
楽なのです
ふぅ
ふとん

②蒸気

浴槽にお湯を張ってシャワーの湯気の中、5~10分ほど蒸気浴をしましょう。熱がなければおふろに入ってしまいましょう。

蒸気によって粘膜は潤い、鼻の中は通りがよくなり気道が和らぎます。

蒸気浴

のどの痛みやせき・鼻水などの症状を
蒸気が緩和してくれます!

スーハー

③食べ物

のどにいい食べ物や飲み物のほかに、赤ちゃんなら歯固めなどでよだれが出てくるように促してみましょう。むせ込む原因となるのでビスケットや粉物は少し控えめにしましょう。

のどの奥を
突かないよう
持ってあげましょう!
ペロペロ
かみ
かみ
かみ

鼻水・鼻詰まり

● 考えられる原因

のど・鼻の炎症
大泣きの後
ほこり・花粉アレルゲン
乾燥　寒冷　おう吐　など
子どもの花粉症 ⇒ P.32

鼻水は、鼻の中をきれいに流すための反応

どうして鼻水が出るの?

鼻水は字のとおり「鼻から出る水」です。鼻やのどを守るために病原体や見えない異物を体外へ出す役割があります。鼻の中を守る気道の粘膜がウイルスなどに感染すると、炎症を起こして腫れて狭くなり鼻水はたまりやすくなります。その鼻水がほこりといっしょになり乾燥したものが鼻くそとなって鼻詰まりが起きます。鼻水の黄色の正体はウイルスや菌と戦い、役目を終えた白血球です。

鼻水が出た！ どうする!? 新人れーこ先生

START

透明の鼻水が黄色の鼻水になった、どう対応する!? （C君　1歳児）

鼻水・鼻詰まり

4ステップで、こうしてほしい＆こうするべき！がすぐわかる

発生時 Step1 まずのケア！ P.30
発生時 Step2 観察のポイント P.31
安静時 Step3 落ち着いてからのケア P.34
安静時 Step4 保護者への連絡 P.35

発生時：Step 1
鼻水・鼻詰まり

まずはこれ！ 鼻水・鼻詰まりのときのケア

鼻水・鼻詰まりによる不快を和らげることから

鼻水を出すお手伝い

① 戻さない

鼻をかむときは片方ずつ！こまめに
ちーん
ズズズー
鼻吸い器もオススメ

出てきた鼻水には病原体やほこりなどがいろいろ付いていますので逆戻りは悪化の原因になります。

② 鼻の通りをよくする

ぬれタオルをレンジで10秒
ちーーん！
ホットタオルを鼻の付け根に置く

温めると鼻の中が緩み、鼻詰まりが楽になりやすいです。鼻の穴は見えるようにしてあげましょう。

子どもへのことばがけ

自分でできるようになってほしい鼻のケア。その度にことばがけをしましょう。

① 本人へ

鼻水ちーーん！
もらっていきまーす
ちーーん

② ほかの子どもへ

こんな風にお鼻さんが出してくれたお水を取りまーす！

鼻水・鼻詰まりのときの観察のポイント

鼻呼吸ができない理由をすばやくキャッチ

鼻水・鼻詰まりのときの観察チェック

**これはできるかな?
まずはチェック! 子どものようす**

□食べる　□眠　る　□遊　ぶ

出ているもの（鼻水）

- □ 鼻水の色・粘り・量
- □ のどの痛み・赤み
- □ ほかの症状（熱・耳が痛い・痰・頭痛　など）

子どもを見よう！

- □ 息苦しさ（肩で呼吸・小鼻が膨らむ・息継ぎのようす）
- □ 水分がとれるかどうか
- □ 鼻の下の痛みや赤み
- □ 本人の言葉

状況は？

- □ 時間
- □ 保護者からの申し送り

こんな鼻水・鼻詰まりは心配!

早めの受診が必要

- ビーズやボタンなど小さいものが詰まった
  → **誤飲につながる危険**
- 眠そう
  → **副交感神経が優位の証拠。よほどつらい状態**
- 耳を痛がる
  → **中耳炎の可能性**
- 熱が出てきた・のどが痛い
  → **のどのかぜの可能性**
- 鼻が赤い・痛がる
  → **鼻の中の炎症・化膿**

知っておきたいこの病気

子どもの花粉症

どんな病気？

花粉症は花粉が原因となって起こるアレルギー疾患のひとつです。

子どもの花粉症の特徴は、鼻詰まりと目のかゆみです。鼻が小さいので鼻詰まりで花粉が入ってこないため、くしゃみが少ない傾向にあります。主な原因はスギの成木です。子どもの花粉症は年々増加し、2012年には5～9歳で13・7％の発症率と報告されています。

かぜとの違いは？

	かぜなど	花粉症・アレルギー反応
症状	眠い だるい 集中力がなくなる	
症状	熱が出る 鼻水が黄色く変化していく ※ 免疫が働いた白血球の影響 かゆみはほとんどない 1週間ほどで回復	熱はない 透明サラサラのまま 目や鼻がかゆい 1週間以上続く
治療	安静 おうち看護 症状緩和の対症療法	日常で花粉を避ける（マスク、メガネ、掃除） うがい、手洗い、食事 アレルギー反応を抑える薬、点眼薬など

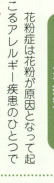

アレルギーって何?

アレルギーとは、本来なら反応しなくてもよい無害なものに対する過剰な免疫反応です。そもそもは体の外から入ってきた細菌やウイルスを防いだり、体の中にできたガン細胞を排除したりする不可欠な生理機能ですが、何らかの理由で花粉やダニ・ほこり・食べ物などに対して過剰な反応が起きてしまう。これをアレルギーといいます。

皮膚・呼吸・目のいずれかでアレルギー症状のある子どもは35・9%いるといわれています。

免疫とは

免疫とは、体内に侵入した細菌やウイルスなどを自分以外のもの(異物)として攻撃して、体を正常に保つという大切な機能です。

免疫は「疫から免れる」、すなわち「伝染病」などから逃れるということを意味する言葉です。

例えば、一度「はしか」(麻疹)にかかると、ほとんどの人はもうはしかにかかりません。これは、体がはしかの原因である麻疹ウイルスに対抗する物質(抗体)の作り方を記憶するからです。これを「免疫ができた」といいます。

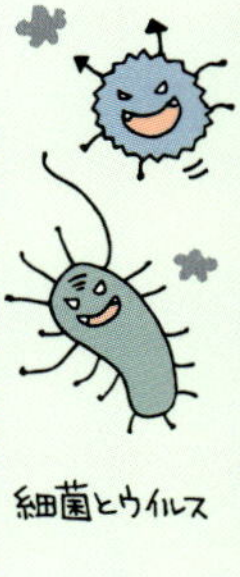

免疫とは、抗体が細菌やウイルスを攻撃することです。

落ち着いてからのケア

鼻水・鼻詰まりを楽にしてあげたい

心に優しく

繰り返し出てくる鼻水に、鼻の下はヒリヒリ、鼻の中はムズムズ。へックション！　と、鼻回りでは大忙しです。本人のきげんを取りつつ、「鼻水取り合い合戦」などとケアを楽しそうにしてあげましょう。

ことばがけ例

・ティッシュ隊長突入します～（と言ってふく）
・出た出た♪出た出た♪　ちーん♪　できました～

環境に優しく

① 加湿

② ティッシュは子どものそばに置く

体に優しく

① 水分補給

② 鼻の下の保護

③ うがい

鼻水の製造元ののどの粘膜をきれいにします。

保育者から保護者への連絡

継続したケアを実施するために

「鼻水・鼻詰まりがある」と、言われたときの保護者の気持ち

鼻水・鼻詰まりになると「かぜひいた?」と心配になります。しかし、特に高い熱が出たり、せきも出ず、いつもどおりで過ごせていると、緊張も解けていきます。それなのに何度も鼻水が出ていることを言われると、まるで悪化を誘導されているようにも感じるのが、子どもの鼻水です。

鼻水が出ていても園ではどれだけ元気なのか、どのような状態になると心配なのかを伝えてもらえるとありがたいです。

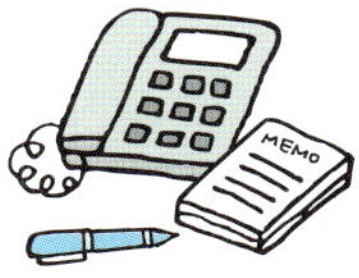

保護者への連絡例

場　面

鼻水だけ出て元気だったC君の元気がなくなってきた報告。

↓

伝えたいこと

・鼻水が長引いている現状。
・本人と鼻水に変化があった。
・受診を視野に入れてもらう。

↓

説　明
（だれが・いつ・何があったか・どのようにかかわったか）

「C君の鼻水が今で1週間続いていますが、家では元気ですか？
園でも鼻水が出ていてもよく食べるし、寝るし、笑ってくれるからいつもどおり過ごせているのですが…今日はいつもより少し元気がないようすでした。それに、今まで無色透明だった鼻水もズルズルした黄色の鼻水に変わったので、何かに感染した合図も出してきました」

↓

次にすること

「まだ熱もないので、C君の治る力を発揮させるために、しっかり出た鼻水は取って、おうちでゆっくりしてくださいね」

↓

フォロー

「もし、お熱やほかの症状も出てきたり、おうちでも元気がなくなってきたら受診も検討してくださいね」

痛がる
（のど・口の中、耳、目、頭、どこかわからない）

● 考えられる原因

感染	けが
不明	異物侵入
疲れ	ストレス　など

痛みは、ここに異常があると教えてくれる反応

どうして痛いというの?

本来、人の体はいつも一定で同じ状態（恒常性）にいようとします。細菌などの敵が侵入すると、恒常性が保てなくなるため、異常を知らせるために、痛みを感じさせます。

しかし、子どもは語彙力が乏しいために、身体だけでなく、心の不快感も「痛い」とまとめて伝えてきます。時にはこの言葉を言えば自分に関心を向けてくれるという期待感で「痛み」を訴えてくることもありますので、経過観察が必要です。

痛がっている！ どうする!? 新人れーこ先生

START

突然「いたいよー」と泣きだした、どう対応する!?（Kちゃん　2歳児）

痛がる（のど・口の中、耳、目、頭、他）

4ステップで、こうしてほしい＆こうするべき！がすぐわかる

（ここでは痛い部位別にしています）

発生時 Step1 まずのケア！ P.38
① のど・口の中 P.40
② 耳 P.41
③ 目 P.42
④ 頭 P.43
⑤ どこかわからない P.44
安静時 Step4 保護者への連絡 P.45

発生時：Step 1
痛がる

まずはこれ！痛いと言ったときのケア

痛みによる体と心のつらさを和らげることから

関心を向けるところから

痛みを伝えているとき、子どもの心の中は不安でいっぱいです。このときは「痛いんだね」と受け止めることから始めましょう。関心を向けてくれたとわかると、ひとりで耐えなくていい安心が、子どもの心に芽生えます。

痛みを和らげるお手伝い

①体の緊張を取る

立ったままの姿勢では、全身に力が入ります。おしりをペタンと付けて座らせたり、だっこをして腹部の緊張をほぐしてあげましょう。

②痛がっている場所を探す

触ると痛がったり、触られるのをいやがったりする場合、その部分が痛みの原因である可能性が高いです。

③変化を見守る

時間の経過で、痛みが強まったり、ほかの症状が現れてくるときは、病気が原因の場合がありますので目を離さずにようすを見ます。

子どもへのことばがけ

①本人へ

子どもはうそも演技もなく正直に自分の感じるままを訴えてきますが、言葉が足りないため詳しく伝えることができません。原因がわからなくても「痛みがある」ことを受け止め、100％信じて真剣に接してください。

②ほかの子どもたちへ

お友達が痛いと泣いている姿に、ほかの子どもたちも心配しますし、対応している大人の緊張感や緊迫した空気感は伝わっています。周りの子どもたちをうまく巻き込むことで痛みの原因がわかることもありますので、全員が協力者だと思って声をかけていきましょう。

それぞれ部位別に見てみましょう

こんな痛がり方は心配！

この場合は救急車

- 下腹部を押さえると限定して痛い・高熱が出てきた
  ↓**虫垂炎や強い腹部感染症の疑い**

早めの受診が必要

- 熱が出てきた
  ↓**炎症・感染症の疑い**
- 肩で呼吸・鼻の穴が膨らむ呼吸
  ↓**相当な呼吸困難**
- 30分以上泣き続けている
- だっこやおもちゃ、おやつやテレビなどいつもの好きなものでも泣きやまない
  ↓**がまんできない合図**
- どんどん弱々しくなってきた
  ↓**体力消耗が激しい状態**

痛いと言ったときのケア① のど・口の中

けがのケア

●出血している

ペタ
座って姿勢を安定させる
ギュッ
ぺっ

① 安静。

② ガーゼやきれいな布で圧迫する。

③ 血は吐き出す。

●舌から血が出ている

きれいな布を当てて押さえて止血します。奥の方で、きずが見えない場合は受診しましょう。

●上唇小帯《じょうしんしょうたい》が切れた

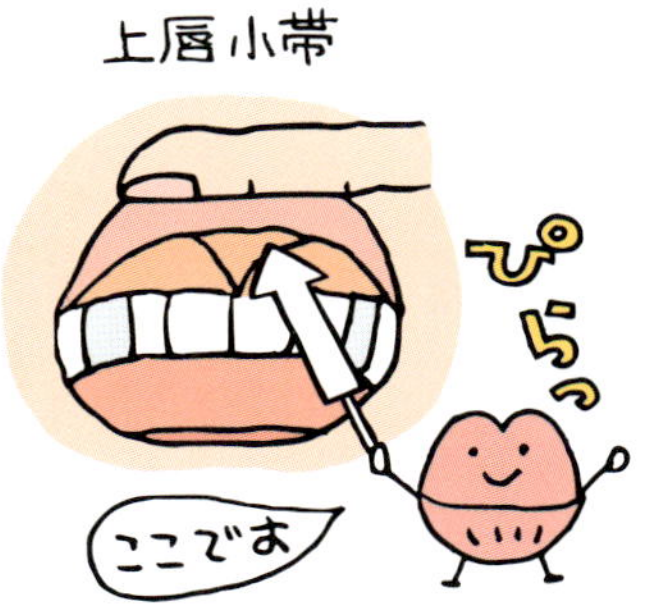
上唇小帯
ぴらっ
ここです

ぴらぴらひものようにはがれている場合や15分以上出血が止まらない場合は受診しましょう。

のどの腫れ・口の中の水疱

かぜなどでのどや気道が腫れたり、手足口病などで口の中に水疱ができたり、栄養不足で口内炎ができるときなどは唾液を飲み込むのもつらいときです。このときは、刺激を減らし、水分補給に努めます。

食べやすい形態例
ツルリ系
氷状
口の中で溶ける・ふやける
めん類

熱いもの、固形物、酸味のある果物・野菜などは、ストローを使っても刺激となり痛みが出ます。

痛いと言ったときのケア② 耳

原因は主に中にあり

耳の痛みは中耳炎が原因のことが多いです。口、鼻、耳はつながっているので、それをつなぐ管を通って、鼻やのどの炎症が耳に入り、耳にも炎症を起こして痛む場合がほとんどです。

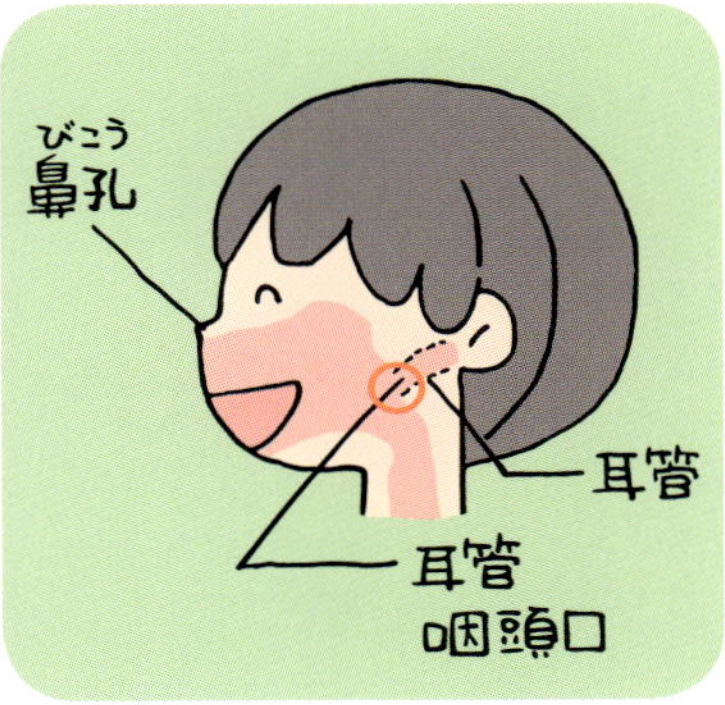

まずはコレ! 耳の痛みのケア

① 光を当ててみる

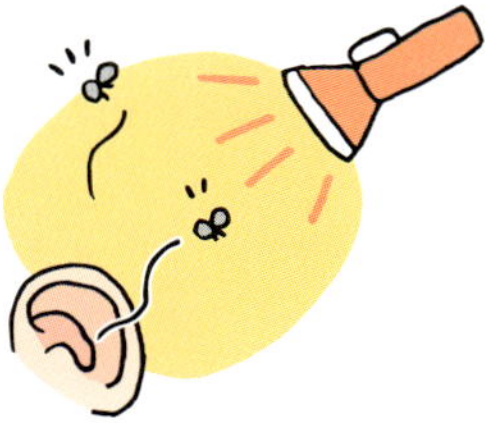

もし虫が入っていたのであれば、光に誘導されて出てきます。見える範囲で赤くなっていないかもチェックしてみましょう。

② 耳の中の水分を取る

耳に水が入ったことの違和感や聞こえにくさの可能性もあります。

③ 冷やす

冷やすことで周囲の血管が収縮し、血液の流れが遅くなって痛みを感じる力も低下します。

④ マッサージ

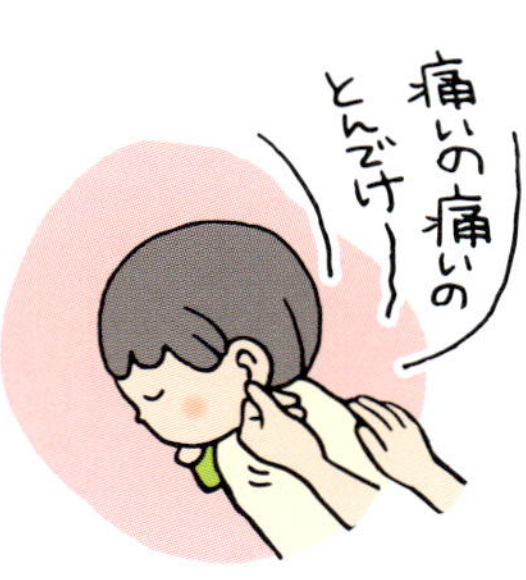

耳の辺りをマッサージして気持ちが紛れるかどうかもひとつの目安。

発生時：Step1
痛がる

痛いと言ったときのケア③

目

目のけがはすぐ対応

目をぎゅっとつぶって開けなかったり、手をどけようとしないときは、無理に開けさせず早めに病院に行きましょう。

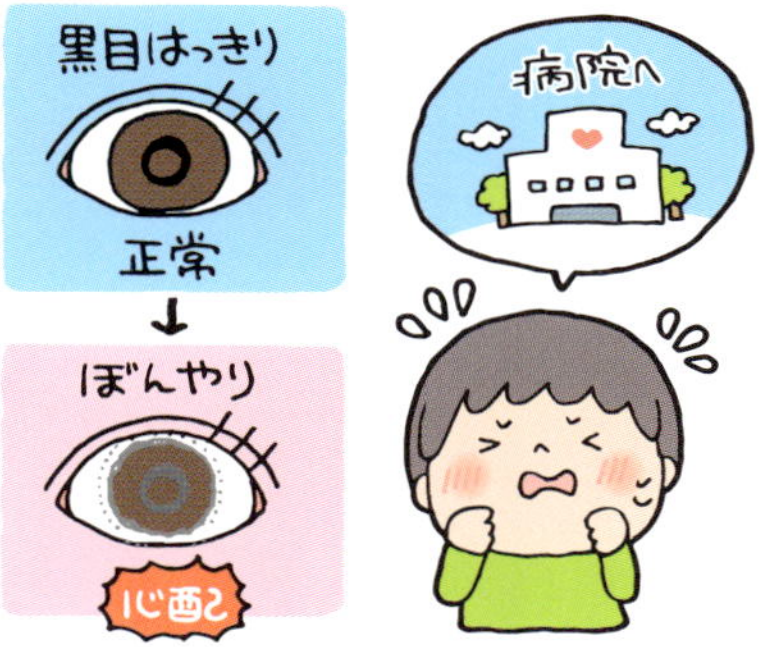

目の症状は、白目が赤い充血状態よりも、黒目の縁がぼんやりしているほうが視力も関係していて心配です。

目の痛みの対応

① ゴミが入った

自分で目を開けられるなら、洗面器にためた水でぱちぱちさせます。

② 薬品が入った

きれいなやかんや急須に水を入れて、眼球を洗い流します。

③ 目に何か刺さった、もしくは出血している

目を動かさない、使わない。目を覆ってすぐ眼科へ。

痛いと言ったときのケア④

頭

子どもの頭痛いろいろ

子どもの頭痛の原因には、かぜ、偏頭痛、頭部打撲、精神的痛み、脳炎など理由はさまざまです。頭の痛みを感じる原因は、おおまかに分類すると、筋肉・神経・血管の3つに分かれます。いちばん多いのが筋肉の痛みである筋緊張性頭痛です。頭痛のタイプによって、冷やすべきなのか温めるべきなのか、安静にすべきなのか、もみほぐすべきなのかは違ってきますので、休んでいても痛みが続くなら受診しましょう。

体に優しく

①刺激を減らす

音、光、人など感覚を刺激するものから遠ざかってみましょう。

②安静

眠りに入れると、興奮した神経は落ち着きますし、安定して楽になりやすいです。

心に優しく

子どもの頭痛で、特に熱などの症状がないと、「頭痛＝ストレスや疲れ」の可能性もあります。子どもの「心の栄養補給」が簡単にできるだっこで安心を伝えましょう。

痛いと言ったときのケア⑤ どこかわからない

体のサイン・心のサインをチェック！

これはできるかな？
まずはチェック！ 子どものようす

□食べる　□眠　る　□遊　ぶ

□痛みはいつから？　持続性は？　間欠的か？
□痛みが始まる前は何をしていたか？
□痛みの前に何を食べたか
□熱・かぜ症状・下痢や便秘は？
□手はどこを触るか

痛みによる対応！

この場合は救急車

●顔色が悪い・眠り方がいつもと違う・呼吸がおかしい・けいれんがある
→**全身状態の悪化（病院へ）**

早めの受診が必要

●頭やおなかを打った後である
→**打撲による損傷の可能性**

●体の一部をずっと押さえて離そうとしない

●熱やおう吐がある
→**感染や炎症の可能性**

保育者から保護者への連絡

継続したケアを実施するために

「痛がっている」と言われたときの保護者の気持ち

子どもが痛がっている、と聞くと、保護者はその原因が気になります。見てわかったり、痛くなった原因がわかったりすると、自分が対応するときはこうしよう…とイメージができます。しかし、痛みの原因がわからなかったり、痛みを訴えた状況がわからなかったりすると、その後の対処に困ってしまいます。もしまた痛がったときにはどのようにすればいいのか、どういうときには受診をしたほうがいいのか、という目安をいっしょに伝えてあげてください。

保護者への連絡例

場　面

急に耳の痛みを訴え始めたKちゃんのお迎えと受診を促す電話をする。

↓

伝えたいこと

・痛みがどんどん強くなってきている。
・職員で対応するも、限界を感じていること。
・耳鼻科受診をすすめる。

↓

説　明
（だれが・いつ・何があったか・どのようにかかわったか）

「実は1時間前から急に火がついたように泣きだしました。原因は何かわからないのですが、よく見てみると右側に耳を傾げたり右側の耳をよく触ったりしているので痛みは右耳辺りだとわかります。ですから、冷やしたり、気が紛れたりするようにと対応していたのですが、それよりも痛みのほうがずっと強いようです」

↓

次にすること

「本人の気持ちと体の状態を考えますと、がまんさせるのもつらそうな状態です。できるだけ早めの受診をされたほうがいいかと思いますので、お迎えをお願いできますでしょうか？」

↓

フォロー

「○時ごろにお越しくださるのですね？　ありがとうございます！
お待ちしている間、引き続き痛みが紛れるようにケアしていきますので、気をつけてお越しください」

おなかが痛い・便秘・下痢

おなかが痛いのは、胃腸や内臓が働けないと教えてくれている反応

● 考えられる原因

腸の動きの乱れ	かぜ
腸内細菌のバランスの乱れ	
打撲	出血
ストレス	感染
食べすぎ　など	

便秘・下痢 ⇒ P.52

どうしておなかが痛くなるの？

子どもの腹痛のほとんどは胃腸に関するものです。

私たちの胃腸は口から肛門まで1本でつながっています。子どもでは身長の7倍の長さで腸がおなかに収まっています。初めは固形だった食物を長い過程で大便に変化させるため、24時間忙しく、ささいなことでも調子を崩して「痛み」として不調を訴えてきます。

おなかが痛い！ どうする!? 新人れーこ先生

「おなかが痛い」と言ってきた、どう対応する!?（M君　2歳児）

4ステップで、こうしてほしい＆こうするべき！がすぐわかる

- 発生時 Step1 まずのケア！ P.48
- 発生時 Step2 観察のポイント P.50
- 安静時 Step3 落ち着いてからのケア P.54
- 安静時 Step4 保護者への連絡 P.56

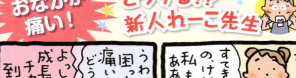

発生時：Step 1
おなかが痛い

まずはこれ！おなかが痛いときのケア

痛みによる体と心のつらさを和らげることから

おなかに触れることから

子どものおなかの痛みの緊急度は、そのときの反応によってわかります。本当に痛いときはじっと丸まって動けないし、触ると怒っていやがります。逆に触れることで安心したりホッとしたりしているならば、ようすを見守りましょう。

「く」の字でだっこは痛みの証拠。病院に行きましょう。

余分な力を緩和する

① 体の緊張を取る

丸くすることで腹筋が緩み、リラックスさせることができます。

② おなかのマッサージ

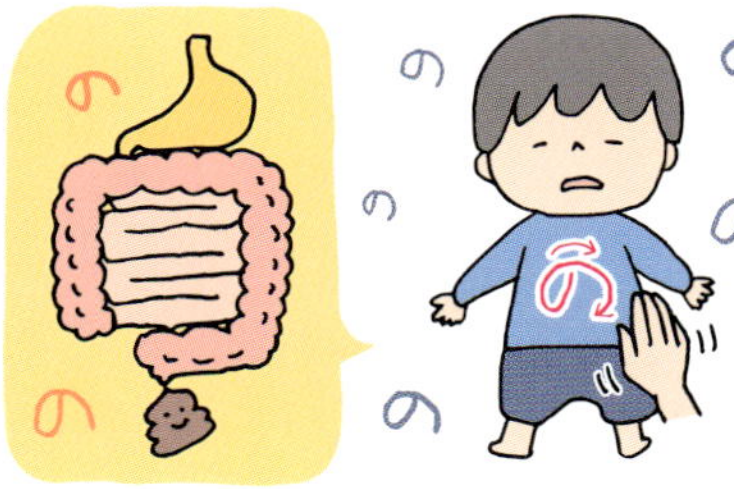

おへそを中心に「の」の字でなでます。腸の進行方向に合わせましょう。

③ トイレへ誘う

腸の蠕動運動（ぜんどううんどう）による刺激が痛みとなっていることも多いのです。

子どもへのことばがけ

① 本人へ

痛みは子どもの「怖い」や「いやだ」の気持ちを強くします。すると、「痛み＋α」となって訴えてきます。「ここかな？」「痛いよね」「だいじょうぶだよ」と、気持ちのマイナス分はもらってあげるね、という気持ちで接してあげてください。

② ほかの子どもたちへ

「痛い」という言葉には、周囲としても「どうしたの？」「だいじょうぶ？」と、関心が向きます。一段落したら、何があってどうなったのか、みんなに報告しましょう。そうすると、自分のときもこうやって気にかけてくれているんだということが伝わり、痛みを訴えてくれやすくなります。

こんな痛がり方は心配！

この場合は救急車

- 血を吐く、血の混じったうんちが出る
  → **胃腸での出血の可能性**
- 差し込む激しい痛み
  → **急な炎症や腹部異常**

早めの受診が必要

- 下腹部に移動する痛み
  → **虫垂炎の可能性**
- 高熱が出る
  → **かぜや感染症の可能性**
- 声が弱々しくなってきた
  → **痛みが強くなってきた**
- おなかを打った後
  → **腹部圧迫やきずの可能性**

おなかが痛いときの観察のポイント

おなかの病気のサインをすばやくキャッチ！

おなかが痛いときの観察チェック

これはできるかな？
まずはチェック！ 子どものようす

□食べる　□眠　る　□遊　ぶ

どんな痛み？
- □ おなかがパンパンに膨らんでいる
- □ 触ると痛がる
- □ 部位
- □ 持続性

子どもを見よう！
- □ 顔色
- □ 体温
- □ 吐き気
- □ うんち
- □ きげん
- □ 本人の言葉

ほかの症状は？
- □ 便に血が混じってるか
- □ 熱はあるか

おなかがいたいときの病態

ひと言で「おなか」といっても、ここには多数の臓器と神経や血管が関係性を持って存在していますので、次々に症状が現れやすいものです。

例えば、発熱があれば感染や炎症が考えられます。血を吐いたり、便に血が混ざっていたりすれば消化管からの出血。下痢や便秘、吐き気やおう吐があれば消化管機能の刺激や変調。皮膚が黄色くなったり尿が出なかったりするときは、肝臓や胆のう、腎臓の病気が考えられます。

おなかの痛みは、これらの病気の合図の場合もあります。

大切な情報をメモ

子どもの腹痛は複雑です。こんなに痛がって心配される割にうんちが出たらケロッとすることもあります。逆に耐えていたけれど手術が必要だったりすることもあります。見極めのコツは子どもの体が教えてくれます。経過をしっかり見ましょう。

M君の病状のお知らせ
（2歳6か月）

体重　13.0kg（8月計測）
体温　36.6℃（8：30計測）

主な病状…（腹痛）

- おなか全体で痛い。
- おなかは柔らかい。
- 吐き気なし。

現　状

- 食べる…朝食はいつもどおり食べた。
- 寝　る…いつもどおり午睡。
- 遊　ぶ…いつもくらい遊ぶ。

経　過

8：30	登園 その後、室内でお友達と遊び、よく笑っている。
9：40	おなかを押さえ「痛い」と、眉間にしわを寄せて伝えてくる。トイレにてバナナうんち1本と大きな音のガスが出てくる。
12：30	給食は全量食べる。以後いつもと変わりない。

※観察チェックの内容を参考に記入。

お医者さんに聞きました

Q. 赤ちゃんなので痛いかどうかわかりません

A. 赤ちゃんの泣き方には個性があります。いつもと何かが違うかもしっかりと見ましょう。

① **口に触れた物を吸おうとする**
…おなかがすいていたりするサイン。激しく泣いたり穏やかになったりを繰り返します。

② **ぐずぐず泣く、顔を服にこすり付けたり目をこすったりする**
…眠いサイン。

③ **両足を縮める**
…痛みのサイン。顔色が悪くないか要チェックです。

④ **右記以外**
…不快のサイン。泣き疲れて寝ることも…。痛そうな顔をしていないか寝顔もチェックして。

知っておきたいおなかの変化

便秘・下痢

出てこい♪
出てこい♪
うんちさん♪
さすさす

便秘・下痢はなぜ起こる

便秘も下痢もどちらも便を肛門に送る腸の運動がふつうに行なえない状態です。

便秘は便が停滞し、腸の運動が鈍くなり、下痢は腸の運動が速いため水分吸収ができないまま通過していきます。

いつもどおりに戻すには食べ物や外からの運動刺激で整えるのが一般的です。

腸の音でわかる働きのスピード
コロコロコロ…♪
コロ…コロ…♪
コロコロコロコロ…

便秘・下痢のときのことばがけ

●便秘のときのことばがけ

「うんち出せ！」と言っても、食べている限りどんどんたまっていきます。子どもと力を合わせ、うんちが出たくなるように誘いながら腹圧を掛けさせましょう。

ことばがけ例

・（おへその下辺りを指して）うんちの魔法をかけるよ。ここに力を込めてね。せーの「うーん！」

・出てこい♪出てこい♪うんちさん♪

●下痢のときのことばがけ

「うんちよ止まれ！」と言っても、シャーシャーと出て行きます。こういうときは「来る者拒まず去る者は追わず作戦」です。平和にやり過ごしていきましょう。

ことばがけ例

・うんちさん「行ってらっしゃい」だね。

・出していいんだよ。またおいしいものを食べられるからね。

実践！ 綿棒浣腸

①まずは、授乳や食事をとらせます。

②30分以内に始めます。食物が胃に入ると、胃は大腸にシグナルを送ります。すると大腸は反射的に便を大腸に送り出す「蠕動運動（ぜんどううんどう）」をスタートさせます（胃・大腸反応）。胃から食物がなくなる時間が目安として30分くらいなので、腸も動いている時間がねらいめなのです。

③綿棒の先にベビーオイルなどをタップリ付けます。

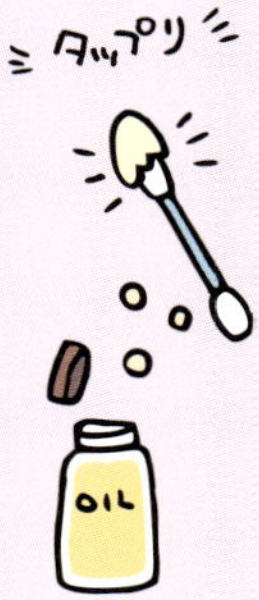

④そして、挿入。赤ちゃんの肛門から、綿棒の頭の部分を全部…（優しく）サクッと入れちゃってくださいね。

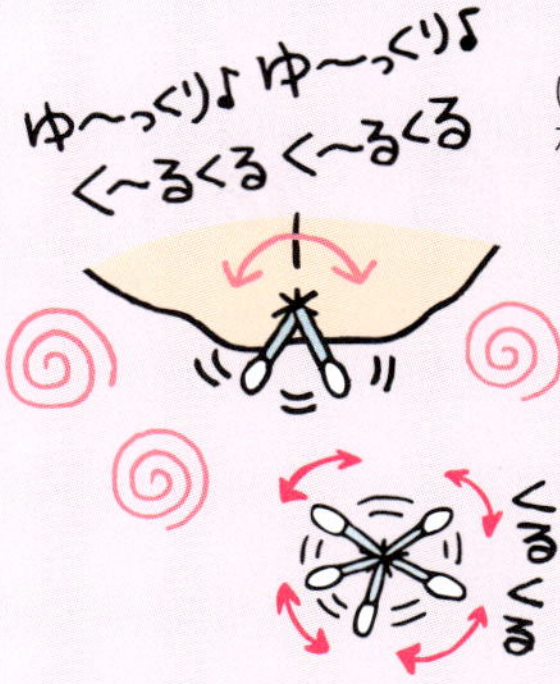

⑤肛門から入った綿棒の先で腸を刺激します。この場所を直腸といいます。通常、便は直腸に送られると、その反射が脳に「便を出したい」という情報を伝え、脳が直腸に「便を出せ」という情報を送り、便は肛門から排せつされるしくみになっています。直腸を刺激することで脳から指令が行き、腸が動いて停滞していたうんちを揺り動かしてくれるのです。そして、うんっーうんち。

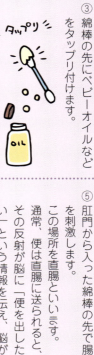

落ち着いてからのケア

おなかの痛みから楽にしてあげたい

体に優しく

① 冷やさない

おなかは外からも中からも温度変化の影響を受けやすい場所ですから、衣類などで調整してみましょう。

② 小分けで食べる

悪化もなく原因もはっきりわからないのならば、子どもの食欲に合わせて食事も可能です。ただ、負担を掛けないように時間と量を分けてあげると、優しいです。

③ 目と手が届く範囲で遊ばせる

本当につらかったら遊ぶ元気もないものです。しかし油断は禁物。何かあればすぐそばに行ける範囲に限定してようすを見てあげましょう。

心に優しく

「痛い」というのは、体からも心からもSOSを出しています。かといって、大げさなリアクションは必要ありません。受入れの姿勢でかかわっていきましょう。

ことばがけ例

・また痛くなったら、教えてね。
・○○ちゃんのおなかは、きっとよくなるからね。

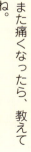

備えておこう

★受診の準備をしておく

痛みがあったということは、今からよくなるか悪化するかのどちらかの合図です。いざというときのために用意できている安心は、心の保険です。

うんちの色の危険信号

うんちは漢字で書くと「大便」。体からの大きな便りです。内臓は外から見えませんが、うんちが今の健康状態を教えてくれます。しかし、年齢や個性があるのも事実です。いつものうんちを基準にしてそこから回数や状態の変化を感じ取りましょう。

気になるときは、見てもらうのがいちばんです。時間と回数をメモし、持参できないときは、写真に。

黄茶色	緑	真っ赤な赤色	白色	黒い赤
バナナうんちの代名詞 ここがいいうんちの基準です	赤ちゃんでは、健康でもよくある。腸内バランスが崩れているときも	直腸や肛門付近からの出血の可能性 きばった刺激で粘膜がきずついたことも	感染症や胆道などの閉塞が起きている可能性 うんちの黄色を作る胆汁色素がない状態です	胃や腸の初めのところで出血した可能性 痛みはどうですか?

正常　　要観察　　要注意

保育者から保護者への連絡

継続したケアを実施するために

「おなかが痛い」と、言われたときの保護者の気持ち

おなかが痛いと聞くと「何を食べたの?」「何の病気?」と、気になります。ほとんどの大人も、おなかが痛くなった経験があるので、自分と重ねて考えやすい病状のひとつです。ですから、「もしかして入院や手術が必要なのでは?」と極端な想像も浮かびやすいものです。

もし、痛くなったときは「食べられるか? 眠れるか? 遊べるか?」の項目で状態をみるようにお話すると、保護者は安心です。

保護者への連絡例

場　面

保育中に腹痛を訴えたが、ようす観察で元気になった報告。

↓

伝えたいこと

・今は元気である。
・状態把握の観察内容。

↓

説　明
（だれが・いつ・何があったか・どのようにかかわったか）

「登園してから、いつもと変わらずにすぐ遊び、笑ってくれていましたが、9：40 ごろに眉間にしわを寄せて「おなかが痛い」と言ってきました。トイレでバナナうんちとガスも出た後は痛みも落ち着いて、給食も全部食べて元気でいました」

↓

次にすること

「子どもの腹痛の多くが排便にかかわるものですが、もしご自宅でまた痛がったときは、『食べられるか？』『眠れるか？』『遊べるか？』の状態を基準にして、病院の受診も検討してくださいね」

↓

フォロー

「私たちも今後引き続き、調子はどうかな、とようすを見ていきます」

便秘対策

おなかマッサージ

①手で１分間以上おなかを温めます。

②腸の流れに沿っておへそを中心に右回りでマッサージ。

※力加減は豆腐がつぶれない程度で十分。ただし、おう吐の心配があるので食後１時間以上空けてから。

マルツエキス

麦芽糖の緩やかな発酵作用により腸の運動を活発にし、栄養を与えながらしぜんな排便へと促します。薬局で入手できます。

食べ物パワー

うんちを出しやすくするのは２とおりの方法があります。アレルギーのあるようなものは避けましょう。

①ところてんのように…上から押し出す！（消化しやすいごはんや食物繊維を含んだ野菜）

②うんちをスルリ…と出しやすく柔らかくする！（果物や野菜などビタミン・ミネラルがポイント）

③腸内バランスを整える

湯冷まし

ミルクくらいの温度の湯冷ましは、血行を高めて新陳代謝がよくなります。起きたときや食事中に飲むと、腸の働きを促してくれます。量は 50cc 程度。

自転車体操

足首がおなかに近づくように、左右交互に「1、2……」と自転車こぎをします。すると、腸への圧迫や血行促進から停滞していた便なら動きがあります。

飛行機ブーン体操

①うつぶせにする。

②おなかのわきを保護者の両手で支えて右〜左〜右〜左。

※子どもの体重が圧力になり、腸を刺激します。

綿棒浣腸…P.53 参照。

下痢

オムツ替えのとき、霧吹きで水をかけて洗い流す

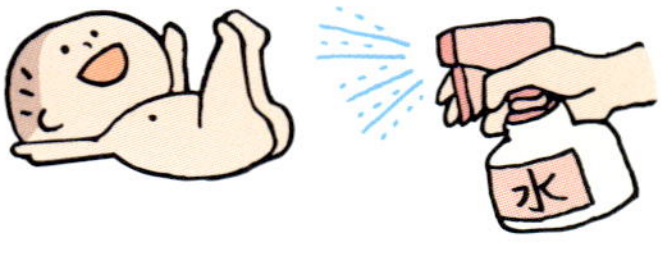

便（アルカリ性）が皮膚（弱酸性）に付くと、皮膚の皮脂を取り除き、皮膚が持つバリア機能を低下させますからその部分を洗い流すことが大切です。

柔らかく
吸収のいいもの

水分・ミネラル
補給

柑橘類は便を柔らかくするので控えます。また、アイスや牛乳などの乳製品は消化に負担となるので控えます。

吐く

● 考えられる原因

感染　食べすぎ　便秘
ストレス　せき込み
乗り物酔い　打撲
泣きすぎ　興奮　など

吐いた物のかたづけ方法 ⇒ P.66

おう吐は、おなかに入った有害なものを口から出す反応

どうして吐くの?

おう吐は、「今はそれいりません（不要です）」と体内の悪いものや余分なものを外に出そうとする体の防御反応です。

赤ちゃんのころは、胃の形がとっくり状でまっすぐ。逆流を防ぐ括約筋も未熟ですし、容量も少ないため、あふれ出て吐きやすい特徴があります。1歳を過ぎるころから湾曲もでき始め、おう吐の回数も減ります。

吐いた! どうする!? 新人れーこ先生

突然吐いた、どう対応する!?（F君 3歳児）

吐く

4ステップで、こうしてほしい＆こうするべき! がすぐわかる

- 発生時 Step1 まずのケア! P.60
- 発生時 Step2 観察のポイント P.62
- 安静時 Step3 落ち着いてからのケア P.64
- 安静時 Step4 保護者への連絡 P.68

まずはこれ！吐いたときのケア

おう吐の状況悪化を防ぐことから

「だいじょうぶ？」の声かけから

こみ上げてくる気持ち悪さと同時に、口から食べたものが出てくることは、衝撃的な出来事です。「だいじょうぶ？」と声をかけてあげましょう。

触られている皮膚感覚は、子どもに温もりと安心を与えます。

吐きやすいようにお手伝い

① おう吐物が散らばらないように

1～3m飛び散るおう吐物の広がりをまず防止！

② 吐きやすい姿勢

タオルで枕を作り、体は横向きで安定させます。1歳以降は右向きもおすすめ。

背中を下から上にさすり、おう吐を助けます。背中をさすってもらうと、安心感も得られ、緊張が緩みます。

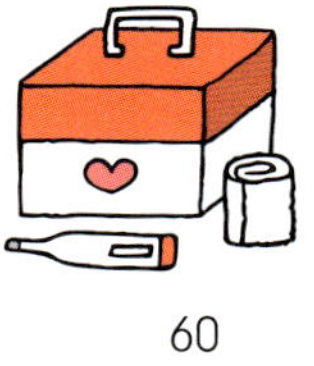

③ 口をすすいで吐き気予防

口の中のおう吐物を取る
ふきふき
くちゅくちゅ
乳児
幼児

おう吐物独特のにおいは、吐き気を催します。口の中や顔回りをスッキリさせて、吐き気誘発を予防しましょう。

子どもへのことばがけ

① 本人へ

おう吐物は、見ると汚い印象を受けます。しかし、子どもが汚いわけではありません。むしろ、胃腸に入った体にとって悪いものや余分なものを外に出せた反応を褒めてあげてください。

○○くんの体がんばったね出せるって強いね

② ほかの子どもたちへ

子どもにとって、見た目もにおいもおう吐物はいやなものです。しかし、ここで大人が毅然とした態度で「吐くことは悪くない」と伝えれば、吐くことそのものに対する印象は変わっていきます。

吐くって体からいらないものを出せることです!!

こんな吐き方は心配!

この場合は救急車

- 食物アレルギーで意識がない、顔色が悪い
  - → **アナフィラキシーの可能性（122ページ参照）**
- 頭を打った後に繰り返して吐く
  - → **脳内出血の可能性**

早めの受診が必要

- 発熱・下痢・痛み（おなか・のど・頭　など）がある
  - → **感染症の可能性**
- 規則的、特定のときに吐く
  - → **不安やストレスの可能性**
- 繰り返して吐く、元気がなくなってきた、顔色が悪い
  - → **病状の悪化**

来て下さ～い
病院

吐いたときの観察ポイント

脱水の合図をすばやくキャッチ！

これはできるかな？
まずはチェック！ 子どものようす

□食べる　□眠　る　□遊　ぶ

吐いたときの観察チェック

どんなものを吐いた？

□ 回数
□ 内容
□ 形
□ 色
□ におい

子どもを見よう！

□ 体温
□ 顔色、つめの色
□ きげん

ほかの症状は？

□ 下痢
□ 腹痛
□ 頭痛
□ 耳痛

おう吐の病態

おう吐は、胃から腸へ飲食物が送られず、胃から食道に逆流して口から出ることです。

おう吐によって水分や電解質も体から出て行ってしまうため、脱水や脱力感が起こりやすくなります。逆流する際に食道の粘膜がきずつくこともあります。また、おう吐物の見た目やにおいの不快感から気持ちが不安定になることもあります。

形があり食材もなんとなくわかるときは、食べる前から調子が悪かった。

形状がないものは、食後からおなかの調子が悪くなってきたということ。

大切な情報をメモ

赤ちゃんのころは、飲みすぎで母乳やミルクを吐き出すことがよくあります（溢乳《いつにゅう》）。しかし、今、目の前で起きたおう吐が病気によるものか、日常生活でよくあることのひとつなのか決めることは難しいものです。きげんが良く、元気であればようすを見てもいいでしょう。

F君の病状のお知らせ（3歳0か月）

体重　14.0kg（5月計測）
体温　37.0℃（15：30 計測）

主な病状…（おう吐）
- 2回おう吐する（10：00、15：00）。
- 10：00…形がわからない。
- 15：00…給食のニンジンの形がわかる。

現　状
- 食べる…昼食はいつもと同じ量食べる。
- 寝　る…午睡1時間。途中目が覚め、布団でゴロゴロ遊ぶ。
- 遊　ぶ…いつもどおり。

経　過

10：00	おう吐1回目。すぐ笑顔で遊ぶ。
11：30	給食はいつもと同じ量。お代りを欲しがるが、控えさせる。
15：00	おう吐2回目。
16：00	お茶を飲むが吐かなかった。

※観察チェックの内容を参考に記入。

お医者さんに聞きました

脱水の見分け方は？
- 泣いているのに涙が出ない。
- おしっこの量がいつもより少ない／色が濃い。
- 手足が冷たい。
- 唇がかさかさ。
- ぐったりしている。

おえ

落ち着いてからのケア

吐いた子を楽にしてあげたい

体に優しく

① 着替える

寝たまま着替え法
ホッ

①片側のそでを通す。残りの半分の服は、背中に押し込む。

②反対側を向かせ、残りの服を引っ張り出す。

③そでを通す。
☆脱がす場合は、逆に進める。

② 水分摂取

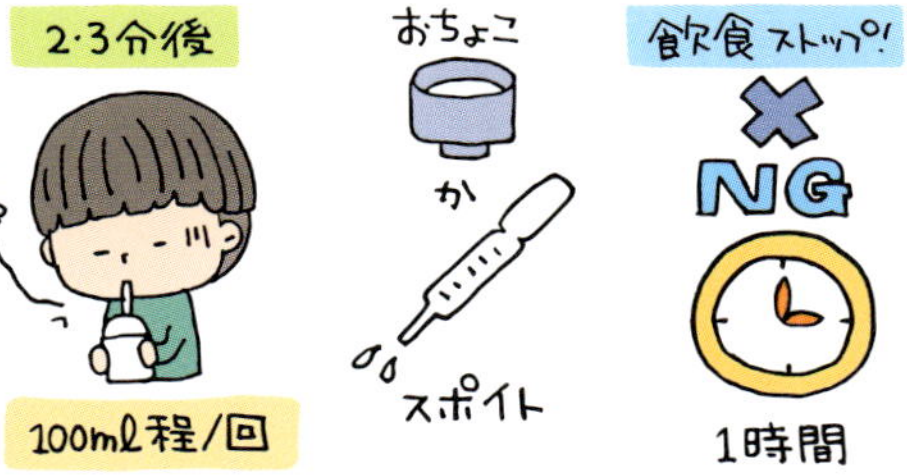
飲食ストップ!
NG
1時間
おちょこ
か
スポイト
2・3分後
ちゅ
100ml程/回

①吐いた後1時間は飲まない・食べない。

②まず、ひと口含み、5分ほどおう吐しないか反応を見ます。

③おう吐がなければ、少しずつ飲ませます。

② ゆったりした服装

ウエストの
緩いズボン
上着のボタン
を外す
ゆったり
通気性の
いい生地
着替えやすい服

体の感覚が敏感になっているときです。締め付けず、ゆったりとしたかっこうにしてあげましょう。

③ **寝かせる**

吐くことで、相当なエネルギーを消費し、神経も興奮した状態です。まずはひと休みさせて、落ち着かせましょう。

ひざを丸めておなかの筋緊張を取って、ひと眠りさせてあげましょう。

④ **おなかを温める**

ただし、車酔いや頭を打った場合は、病状を悪化させる場合があるのでNG。

心に優しく

吐くことは、こみ上げる感覚や息苦しさ、におい、見えるおう吐物、周りの声、口の中の違和感と、五感に訴える不快な症状だらけです。不安と動揺でいっぱいの子どもへ優しい言葉をかけてあげてください。

ことばがけ例

・いっぱい出せたね。
・こんなにがまんしていたんだ。
・つらかったたね。
・おなかさん、がんばって出してくれてありがとう。

環境から優しく

① **静かに**

ゆっくり休めるように、可能ならお部屋を別にしてあげたり、ほかの子どもたちに絵本タイムを始めたりするなどして、静かな環境をつくってあげましょう。

② **香り**

嗅覚も過敏になっているこのとき。給食・お弁当のにおいや芳香剤、タオルや服の柔軟剤のにおいの付いたものは遠ざけて。

③ **室温**

体にこもった熱で吐き気を催すこともあります。基本は頭寒足熱。衣服や布団で温度調整をしましょう。

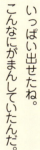

吐いた物のかたづけ方法

子どもが吐くことはよくあること。子どものおう吐・下痢の80%は、ウイルスなどによる感染によるといわれています。感染が広がらないように、速やかにかたづけましょう。

① 準備物

次亜塩素酸ナトリウム（6%）
＝
家庭用塩素系漂白剤も代用できる。
ペーパータオル（ボロ布・雑巾等）
マスク
ビニール袋（処理に使用したものを密閉し廃棄）
使い捨てゴム手袋とエプロン
バケツ

② 消毒液の作り方

食器等の浸け置き、トイレの便座・ドアノブ等
0.02% 液

おう吐物・糞便・汚物の場所、衣類等の浸け置き
0.1% 液

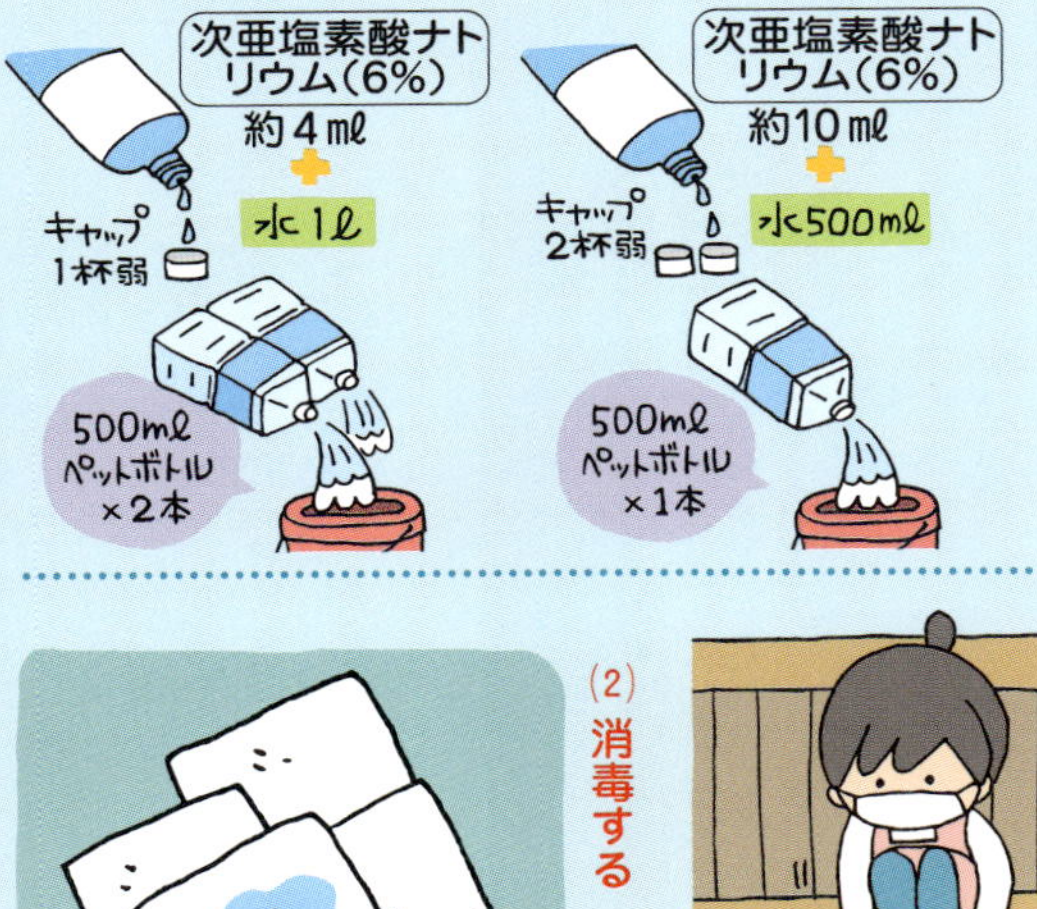
次亜塩素酸ナトリウム（6%）
約4 mℓ
水1ℓ
キャップ1杯弱
500mℓ ペットボトル ×2本
次亜塩素酸ナトリウム（6%）
約10 mℓ
水500mℓ
キャップ2杯弱
500mℓ ペットボトル ×1本

③ かたづけ・消毒

(1) 中央に集めまとめて捨てる

真ん中へ

おう吐物をペーパータオルに外側から内側へ向かってまとめて捨てる。

(2) 消毒する

消毒液をひたした布や消毒液で箇所を10分以上覆い、その後水ぶきをする。

(3) カーペット・畳・薄い布団などや汚染が一部分

スチームアイロン(85℃以上)で
熱処理で消毒可
シュー
シュー

1分以上実施。

(4) 最後に

窓
換気

部屋の換気をするために窓やドアをあける。

④ おう吐物の付いた衣服のかたづけ

おう吐物の付いた衣服は右頁の0・1％消毒液に30～60分ほど浸けて洗濯するか、二重にしたビニール袋に入れて保護者に渡す。

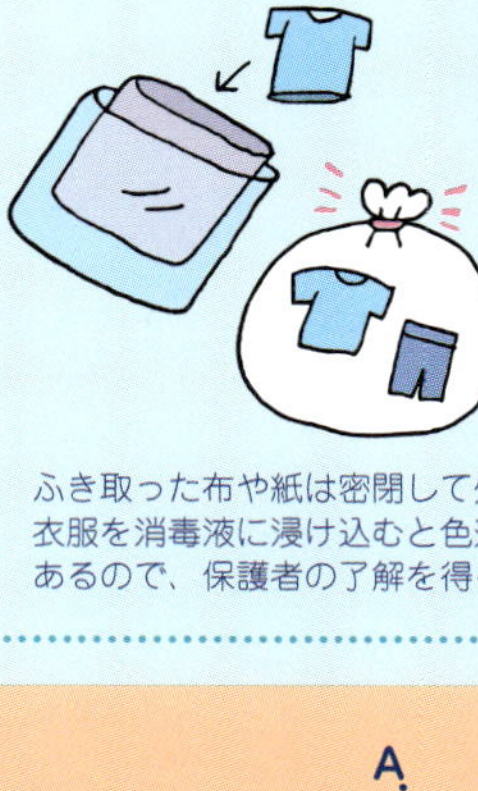

ふき取った布や紙は密閉して処分。
衣服を消毒液に浸け込むと色落ちすることがあるので、保護者の了解を得ること。

⑤ かたづけ後はうがいと手洗い

ガラガラ

石けんを使用して30秒以上流水の手洗い。

お医者さんに聞きました

Q. ノロウイルスかどうかわからないときでも、塩素系消毒ですか？

A. はい、おう吐物の場合に使用する消毒液は基本的に塩素系消毒です。飲みすぎ・食べすぎなど、病気の心配がない場合も同じように塩素系消毒をしましょう。逆性石けん（塩化ベンザルコニウム）やアルコールは、細菌に有効でも、ウイルスには効果が期待できません。手指の消毒や日用品を消毒するために使います。おう吐した原因がウイルスか細菌か見た目ではわかりません。なので、第一選択に塩素系消毒が選ばれています。

保育者から保護者への連絡

継続したケアを実施するために

「吐いた」と言われたときの保護者の気持ち

数ある病状の中で、保護者を悩ませる代表格が「おう吐」です。子どもが「吐いた」と聞くと、心配する気持ちと同時に、「自分自身や家族に感染しないか？」も気がかりです。さらに、おう吐物のかたづけやおう吐物自体への嫌悪感も重なりやすく、気持ちは複雑です。

「大変ですね」と声をかけるときは、子どもがおう吐することが悪いと受け止められないように、「かたづけが大変ですね」「吐き続けているとつらいですよね」など何が大変なのか言葉を添えるようにしましょう。

保護者への連絡例

場　面

２回のおう吐があったが、元気だったＦ君のお迎え時の報告。

↓

伝えたいこと

・２回おう吐があった。
・本人は元気で熱もない。
・自宅で安静にすること。

↓

説　明
（だれが・いつ・何があったか・どのようにかかわったか）

「Ｆ君、今日は午前と午後に１回ずつ吐きました。吐いた物は、ある程度消化したものでしたし、水分もとれて、すぐ元気に遊んでいましたので、ようすを見ていました」

↓

次にすること

「このような調子ですが、もしもおうちで吐いたときは、水分補給のお約束（次頁参照）だけは気をつけてあげてください。うがいをしてから、１時間はお休みして、ひと口飲んでだいじょうぶだったら、少し飲ませてください」

↓

フォロー

「あまり続くようでしたら、病院受診も検討してくださいね。お大事になさってください」

保護者に伝えたいおうち看護の例

① 消化にいい食事をする

消化にいい食事は、胃にとどまっている時間が短く、消化のために体ががんばらなくてもすみます。

② 吐いたときの水分摂取のお約束

吐いたらうがいして、飲食お休み1時間。ひと口飲ませて3分間。だいじょうぶならその後飲ませましょう。

③ 水分補給

食事ができたり、みそ汁が飲めたりするならば塩分や電解質の補充がある程度できていますが、食べられない場合は、イオン水やスポーツ飲料（または受診し点滴）がおすすめです。

飲めないときには、氷のかけらやジュースなどを凍らせて塊にして、口の中でコロコロなめさせてあげましょう。

かゆみ（目・皮膚）

● 考えられる原因

汗・皮脂	あせも
便・尿	ほこり
アレルギー反応	乾燥
虫刺され	薬疹　など

アトピー性皮膚炎 ⇒ P.76

かゆみとは、皮膚上にある有害なものを、かいて落とすための反応

かゆみはなぜ起こるの?

かゆみは、皮膚の表面近くまで伸びているかゆみを感じる神経を刺激するために起こります。きっかけは、発汗や入浴、寒冷、食物や皮膚の細菌や乾燥、衣類の洗剤やカビ、ストレスなどさまざまです。かゆいところをかくと、神経伝導が抑えられるため、脳が「かゆくなくなった」と判断したり、かいた皮膚刺激を「気持ち良い」と感じさせたりする働きがあるため続けてしまうともいわれています。

かゆがっている！ どうする!? 新人れーこ先生

かゆがって全身かいてしまった、どう対応する!?（Kちゃん　3歳児）

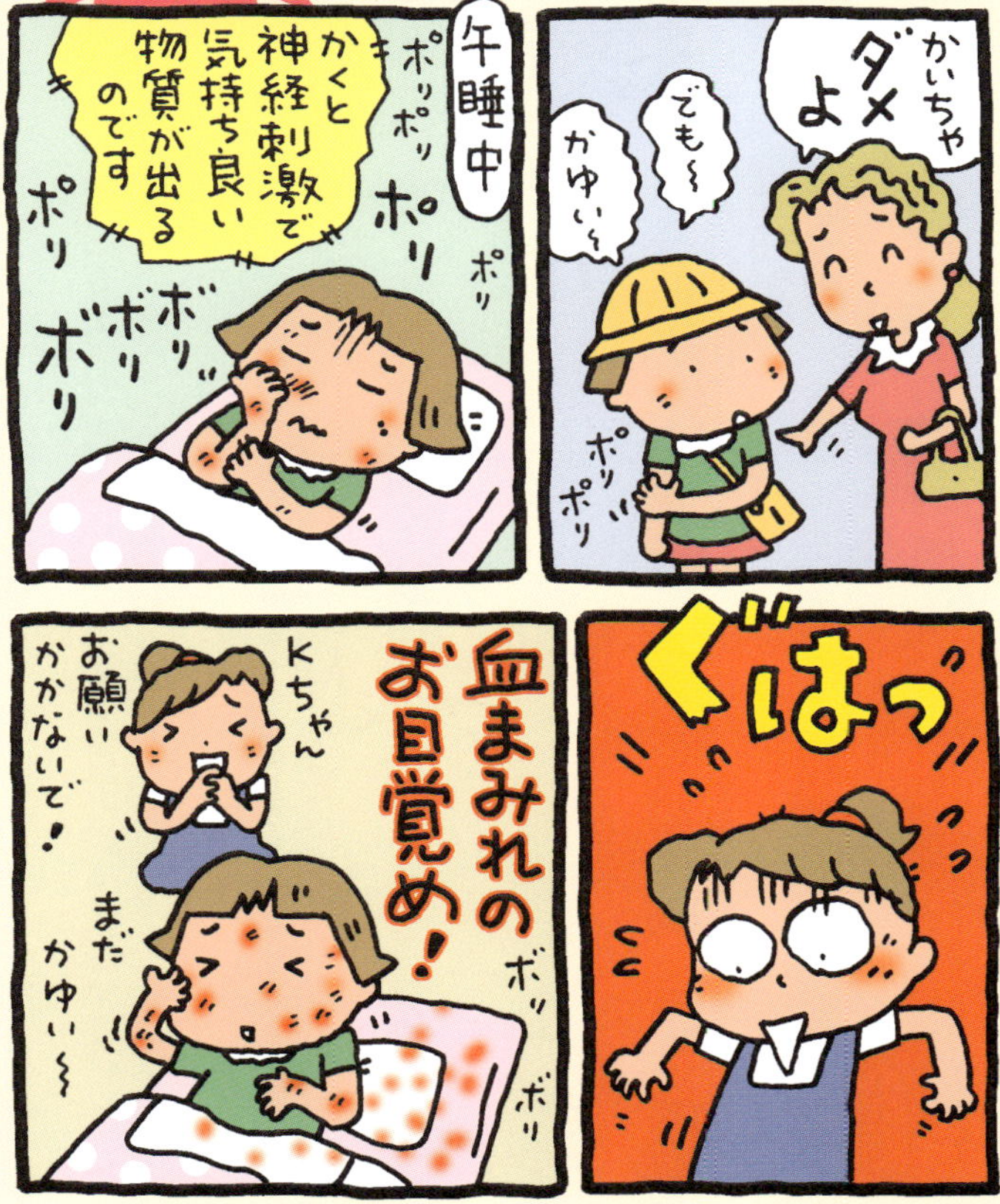

4ステップで、こうしてほしい＆こうするべき！がすぐわかる

発生時 Step1 まずのケア！ P.72
発生時 Step2 観察のポイント P.74
安静時 Step3 落ち着いてからのケア P.75
安静時 Step4 保護者への連絡 P.78

まずはこれ！かゆいときのケア

かゆみによる皮膚のきずつきを防ぐことから

意識をそらすことから

かゆみは意識するとかきたくなりますが、絵本を見たり、遊んだり、食べたりなど気持ちが別にいくことで必要以上にかゆみを感じずにすみます。原因を取り除くようにしながら、うまく意識をそらしていきましょう。

ふれあっている皮膚感覚は子どもに温もりと安心を与えます。

かゆみを緩和するお手伝い

① 洗い流す

かゆがる部位を洗い流します。

目の場合、水道水で洗うと目を守る涙の成分も流します。使うなら使い切り1回タイプの点眼薬か、目をパチパチさせて涙で洗い流します。

② 冷やす

冷やすと血の巡りや神経伝達がゆっくりになります。

③ なでる

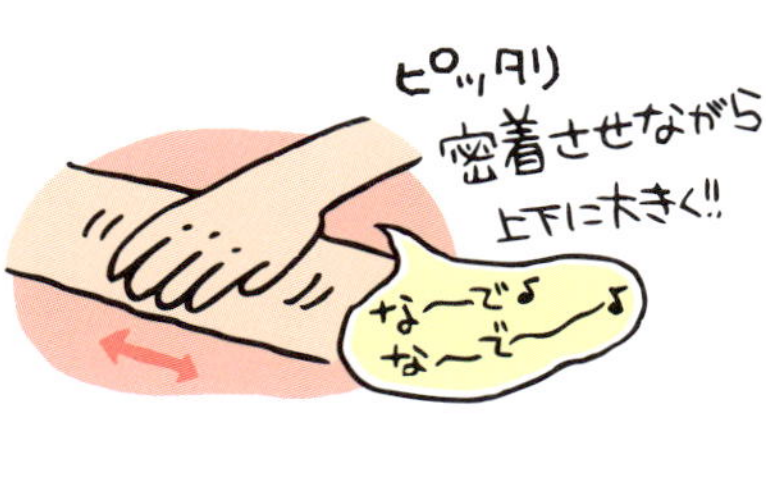

なでる感覚が、かゆい感覚を紛らわせてくれます。

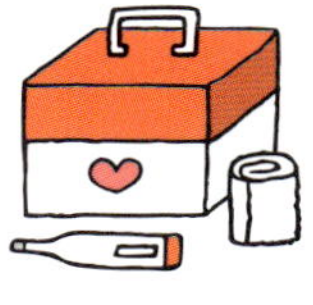

子どもへのことばがけ

①本人へ

子どもにかゆみをがまんさせるのは、とても難しいことですし、逆にかゆみを意識させてしまうこともあります。かゆみ自体は変わらないけれど、意識をそらして気持ちのうえでかゆみを半分にしてあげましょう。

②ほかの子どもたちへ

子どもは力加減なく、かゆいときはガリガリとかきます。「かいちゃダメ！」と止められても、かゆみはがまんできません。「かゆい→かく」は生理現象ですので、皮膚をきずつけて痛がるまでにならないよう、力加減を教えていきましょう。

こんなかゆみは心配！

この場合は救急車

- 顔や口の中にじんましんができている・ぜーぜーと息が荒く苦しそう
  → **呼吸困難の可能性**

早めの受診が必要

- 体のあちこちに点々と内出血が起きている
  → **血液の病気の可能性**
- 発熱している
  → **かぜや感染症の可能性**
- ひどく腫れて痛がる・かゆい
  → **強いアレルギー反応の可能性**

かゆいときの観察ポイント

内臓からの病気サインをすばやくキャッチ！

かゆがるときの観察チェック

これはできるかな？
まずはチェック！ 子どものようす

□食べる　□眠る　□遊ぶ

どんなかゆみ？
- □ 体の場所
- □ 発疹の有無、盛り上がりや数
- □ 炎症反応（赤い、痛み、熱感、腫れ）

子どもを見よう！
- □ 熱
- □ 息苦しさ
- □ 皮膚のきずつき・出血

状況は？
- □ 時間
- □ どうして気がついたか

かゆみの病態

子どものかゆみの原因は、スキントラブルによるもの、感染症や内臓の病気によるもの、食物アレルギーの反応などさまざまです。しかし、いずれも原因を取り除くことで、かゆみは軽減していきます。かゆみが続くと、その部分をかいてしまい、皮膚の損傷がひどくなっていく場合もあります。また、きずになった箇所からウイルスや雑菌が侵入し炎症が起こることもあります。

落ち着いてからのケア

かゆみを楽にしてあげたい

体に優しく

① 湿気や熱気を減らす

体温が上昇することで血流がよくなりかゆみが増すことがあります。湿気は肌のバリア機能を低下させ、きずつきやすくしてしまいます。

② つめを切る

無意識にかいてしまったときに、皮膚がきずつくのを予防します。

③ 皮膚をむき出しにしない

きずついた皮膚はむき出しになるため、空気や何かの刺激でかゆみを強くします。こもらない程度で、長そでや長ズボン、手袋や包帯などを使用します。

心に優しく

かいちゃダメ！と言われても、かゆいものです。禁止ではなく、かいてもいいけれどどうしたらいいのか、代替え案を提示しながら接してあげてください。

ことばがけ例

・かゆいのはしかたないから、冷やしてみましょう。
・しばらく絵本を読んで、ようすを見ようか。

知っておきたいこの病気

アトピー性皮膚炎

どんな病気?

アトピー性皮膚炎とは、かゆみのある湿疹が、慢性的によくなったり悪くなったりを繰り返す病気です。

湿疹がある皮膚は、バリア機能が弱くなり、ばい菌やアレルゲンが入り込みやすくなってしまいます。「赤くなる」「小さいブツブツができる」「皮がカサカサむける」「かさぶたができる」などの皮膚が見られます。

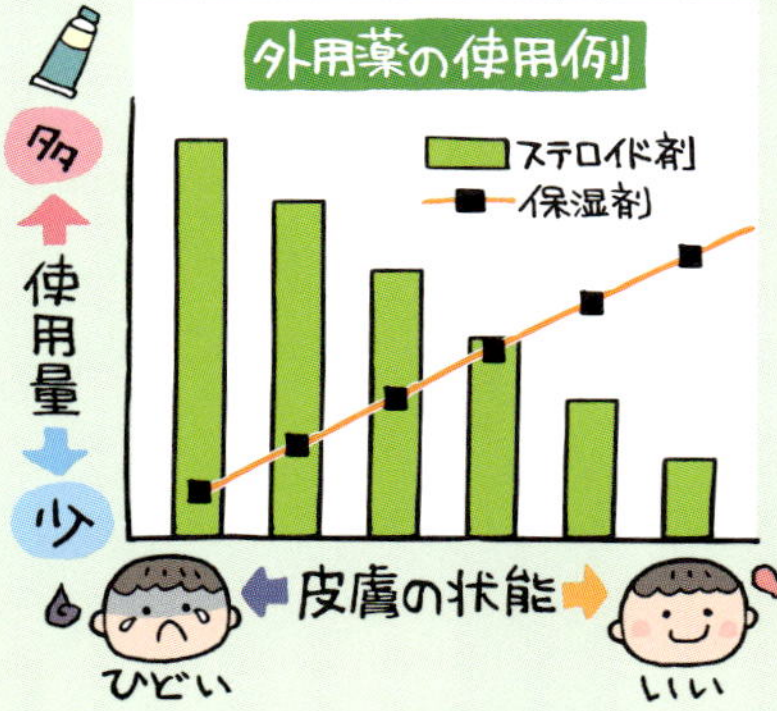

お医者さんに聞きました

Q. ステロイドの塗薬は使ってはいけないの?

A. 健康な肌には使いません。お薬は自然治癒力を活性化させるだけの役割です。ステロイドは、腎臓のそばにある副腎皮質から分泌されている天然のホルモンのひとつ。これは、体の中の炎症を抑えたり、体の免疫力を抑制したりする作用があります。皮膚がただれたり、感染の可能性があったりするときなどに、早急な回復を促すために一時的に使います。炎症が改善し、皮膚がきれいになってからは回数を減らし、最終的には保湿剤のみでケアができるようにしていきます。このように、使用する量や期間を医師からの指示どおりに使用するなら問題はないと考えていいでしょう。

悪化する要因

アトピー性皮膚炎を悪化させる原因は、年齢や生活環境などにより異なり、ひとつではなく複数重なり合って悪化する場合が多く見られます。

優しいスキンケアの方法

① お湯をかける

② モコモコ泡立てた石けんで、優しく全身を洗う

③ 関節・わき・耳たぶの後ろなどを洗う

関節は、伸ばして洗います。

皮膚が重なっているところは、すき間に手を入れて洗います。

④ 流水でしっかり流す

⑤ 顔からふいてあげる

子どもは顔がぬれていることがいやです。

保育者から保護者への連絡

継続したケアを実施するために

「かゆがっている」と、言われたときの保護者の気持ち

「かゆい」は「痛い」に比べて緊急度は低いため、特に問題視されずに聞き流されることもあります。しかし、かゆみは何かに反応した結果起きる合図。何がかゆみの原因となったのかは、保護者が気にするところですので、わかる範囲で状況を伝え、「もしかして…」と考えられる原因を伝えると、ホッと安心してもらえます。皮膚がきずついたなら、

その部分を見せながらかゆみの程度を伝えたりして、どのように対応したのか伝えましょう。

保護者への連絡例

場　面

かゆみとひっかききずがひどくなって範囲が広がってきたKちゃんの受診をすすめる。

伝えたいこと

・ひっかききずの範囲が広がっている。
・本人のかゆみが強くなっている。
・受診のすすめ。

説　明
（だれが・いつ・何があったか・どのようにかかわったか）

「Kちゃんのかゆみ、だいぶ強いみたいですね。私たちのほうでも気を紛らわしたり、着替えをして清潔にしたりするなどの工夫をしていますが、ひっかききずによって、滲出液が出ている範囲も広がってきました」

次にすること

「おうちでもようすを見てくださっていたと思いますが、子どものかゆみは、手加減なくかきむしったり、無意識にかいたりすることがあるので、ジュクジュクに悪化することがあります。その前に原因と対応を病院で診てもらうほうが治りが速いと思います」

フォロー

「Kちゃんが楽になるように、私たちも可能な限り協力いたします」

保護者に伝えたいおうち看護の例

① 洗剤を変える

皮膚にかゆみがあるときは、化学物質や刺激に対するバリア機能も低下しています。かゆみが落ち着くまでは、洗濯時にすすぎをもう1回多くしたり、柔軟剤を控えたりしましょう。

② 保湿する

子どもの肌は水分が多くプリプリしていますが、皮脂が少ないため環境や刺激に対して強くありません。かゆみがあるときは、特に保湿を意識したスキンケアをしてあげましょう。

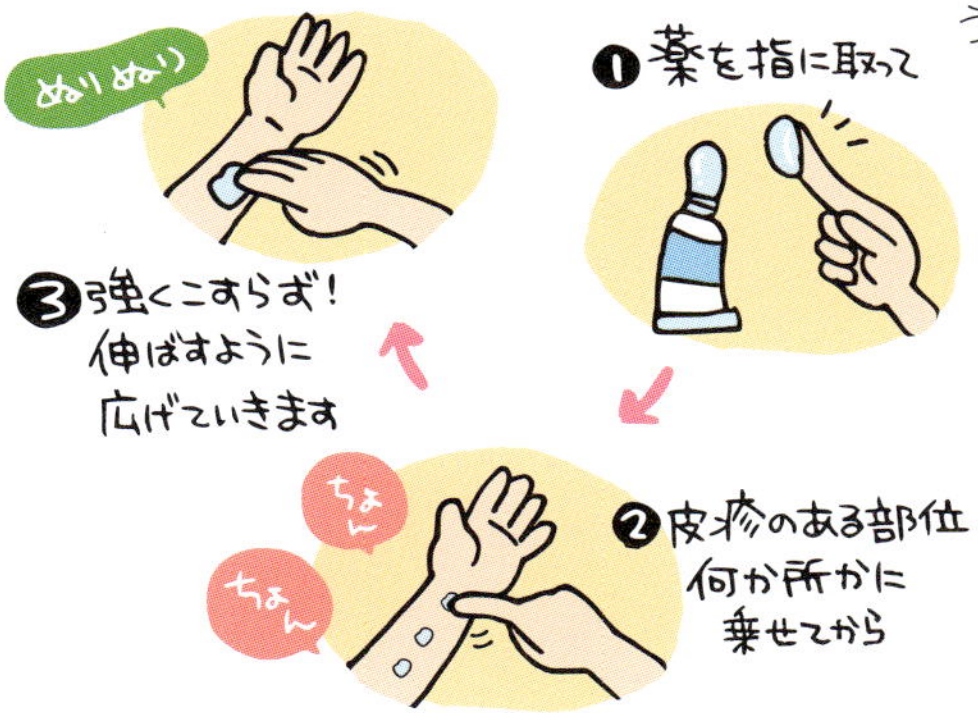

③ 食品添加物を減らす

消化のときに体に負担がかかり、かゆみに影響することがあります。可能な範囲で減らしましょう。

④ 生活リズムを整える

よく寝て、遊んで、排せつをする体のサイクルは自律神経を整えてくれます。

発疹

じんましん・湿疹・かぶれ

● 考えられる原因

アレルゲン　虫刺され
よだれ　便や尿
気候の変化　植物　薬剤
日光　汗　ストレス
寒冷　など

発疹は、体の内外部で何かに反応している状態

なぜ子どもは皮膚症状が出やすいの?

子どもの皮膚の厚みは、大人の半分ほどです。そして汗腺の数は大人も子どもも同じなので、子どもの体の大きさの違いを考えると、大人よりずっと汗っかきということになります。そのため皮膚のバリア機能が未熟で、汗やほこり、すれやむれなどの刺激に対して弱い状態です。子どもは新陳代謝も血液の流れも活発なため身体の内外部にかかわらず何かに反応した場合、皮膚上に症状が表れやすい特徴があります。

発疹が出た！ どうする!? 新人れーこ先生

体中に発疹が出た、どう対応する!?（I君　3歳児）

4ステップで、こうしてほしい＆こうするべき！がすぐわかる

発生時 Step1 まずのケア！ P.82
発生時 Step2 観察のポイント P.84
安静時 Step3 落ち着いてからのケア P.86
安静時 Step4 保護者への連絡 P.87

発生時：Step 1
発疹
じんましん・湿疹・かぶれ

や〜!

まずはこれ! 発疹が出たときのケア

発疹は過剰な反応を避けることから

全身を見ることから

例えば痛みを伝えているとき、子どもは不安でいっぱいです。このときこそ、「痛いよね」の言葉で不安を受け止めてあげましょう。自分に関心を向けてくれたことで、「ひとりで耐えなくてもいいんだ」という安心感も生まれ、気持ちの部分で痛みも楽になることでしょう。

ほかに赤いとこ
あるかな〜〜？
みせてね

症状が悪化しないようお手伝い

① 洗い流す

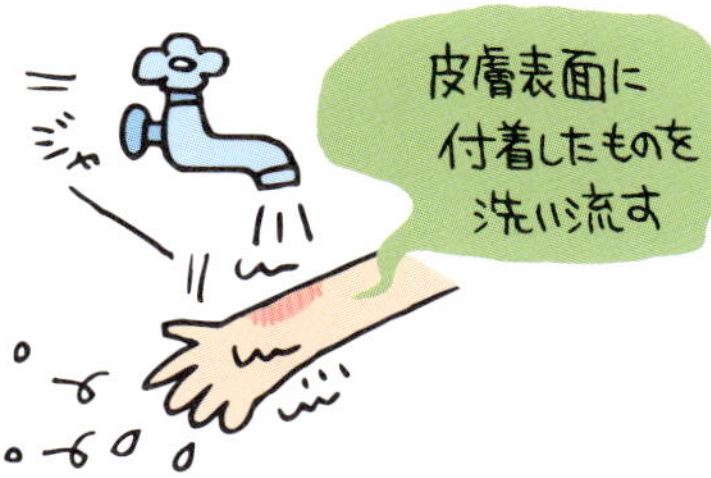
皮膚表面に
付着したものを
洗い流す
ジャー

洗い流すことで、外から付着した皮膚表面を刺激する物質や汚れ・汗・皮脂などを取り除くことができます。

② 何も塗らない

まって〜! まだ塗らないで〜!!
ばっ
STOP!

発疹は合図です。大切なのは原因を取り除くことです。薬と反応して症状が変わることもありますから、落ち着いてからにしましょう。

③ 冷やす

ひんやー
ピタッ
フムフム
柔らかい保冷剤か氷のうで皮膚を
密着させると効果的!!

皮膚の下の血管が拡張したり、かゆみを起こす神経が刺激されたりしているときは冷やして沈静を図ります。

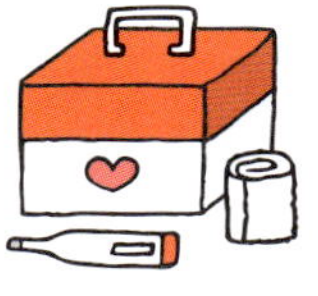

子どもへのことばがけ

①本人へ

見た目に赤く、いつもと違う自分の体に驚きます。中には泣く子もいるでしょう。かゆみやヒリヒリ痛みもあると、体も心も不安でいっぱいになります。保育者側はできるだけ穏やかに接しつつ、皮膚の状態を観察していきましょう。

②ほかの子どもたちへ

皮膚症状はほかの子どもたちから見てもわかるものです。ですから、いやがったり責めたりする言動につながることもあります。そうならないように、皮膚症状が出ることにも意味があることを教えていきましょう。

こんな皮膚症状は心配！

この場合は救急車

- じんましんが出て息苦しい・おなかが痛い
- 顔色が悪い、意識がない

→アナフィラキシーの可能性（122ページ参照）

- じんましんが出て顔や口の中に、膨らんだ湿疹（膨疹）が出ている

→呼吸抑制につながる可能性

早めの受診が必要

- かきむしるほどかゆい
- 発熱がある
- 今までにひどいアレルギー症状があった

発疹が出たときの観察のポイント

発疹が伝える体の変調をすばやくキャッチ！

発疹が出たときの観察チェック

これはできるかな？
まずはチェック！ 子どものようす

□食べる　□眠る　□遊ぶ

どんな湿疹・じんましん？

- □ 盛り上がり方…円形、楕円形、線状、帯状、花びら状、地図状など
- □ 熱感
- □ 形（単発か複合か）
- □ 腫れ

子どもを見よう！

- □ かゆみ
- □ 痛み
- □ 出現部位
- □ 発熱

状況は？

- □ いつから
- □ 何をしていて出たか
- □ 流行やほかの子どもの発症

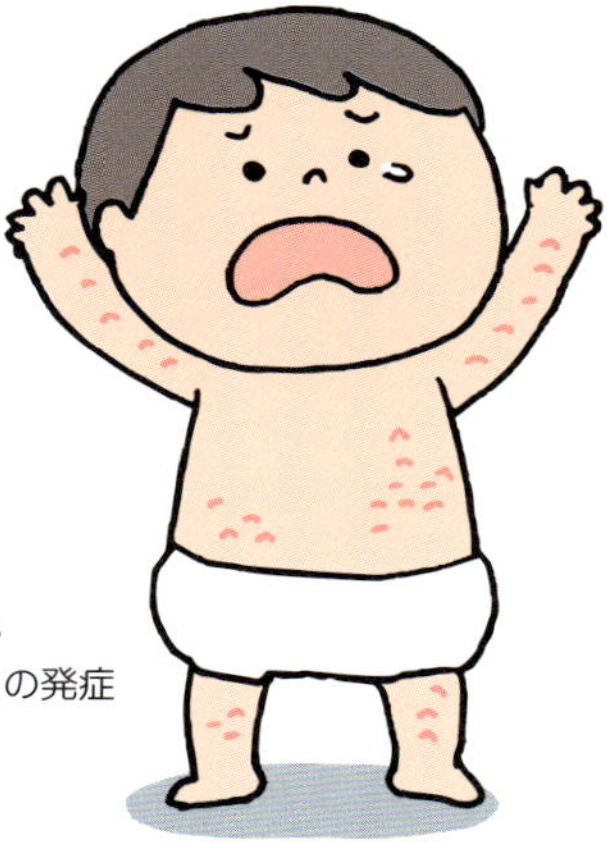

湿疹・じんましんの病態

皮膚にできた炎症全般を「湿疹」といいます。かぶれは「接触性皮膚炎」といい、一種の湿疹です。湿疹は、体が異物を排除するために、体の中で抗体反応を起こし、炎症を起こしています（熱感・腫脹・痛み・発赤）。

じんましんは細胞がヒスタミンという化学物質を放出し、かゆみを感じる神経を刺激させています。そして、皮膚の血管を拡張させたり、血液中の水分を体外に染み出させているため赤く腫れたりむくんだりします。じんましんは盛り上がった皮膚が特徴です。

皮膚に現れる症状を総称して「発疹」といいます。

大切な情報をメモ

湿疹もじんましんもかゆみを伴うことが多く、子どもはその部分をかき、皮膚がきずついたり、とびひになったりすることがあります。じんましんのときに呼吸が苦しくなったり、腹痛があったりするときは、体の粘膜が腫れたり気道が狭くなったりしている合図です。すぐ受診が必要です。どこにどんなものが出たのか？　子どものようすやほかの症状は何か？　体全体の状態を見ていきましょう。

I君の病状のお知らせ
（3歳4か月）

体重　11.0kg（10月計測）
体温　36.3℃（9：30計測）

主な病状…（発疹）

- おなか～背中全体に出ている。
- かゆみなし。
- 昨夜のこと。

現　状

- 食べる、寝る、遊ぶ…いつもどおり。

経　過

昨夜中	ふだんどおり過ごす。
夕　食	全量食べる。食材もふだんと同じ。
19：30	入浴のため服を脱ぐと発疹が出ていた。かゆみ・痛みなし。
朝	消失
9：00	登園。報告あり。

※観察チェックの内容を参考に記入。

発疹の現れやすいもの

※アレルギーに関係なく出ることもあります。

【食べ物】サバやアジなどの青魚、肉類、そば、タケノコ、エビ、カニ、果物など、食品添加物が入ったもの

【物理的刺激】おしっこ・うんち、紫外線、温熱、寒冷、乾燥

【化学的刺激】薬、洗剤、薬物、化粧品、石けん

【アレルゲン】食べ物、金属、花粉、ハウスダスト、植物（漆など）、虫、動物

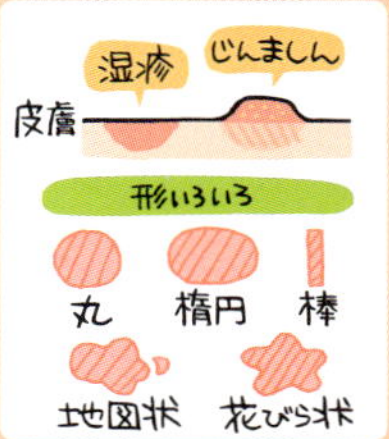

「じんましん」では、皮膚の状態は盛り上がって、さまざまな形が見られます。

落ち着いてからのケア

皮膚症状と付き合えるようにしてあげたい

体に優しく

● 湿気や熱をこもらせない

体温が上がると血行がよくなり、かゆみを起こすことがあります。湿気は皮膚のバリア機能を低下させます。風通しのいい状態を作ってあげましょう。

心に優しく

発疹は、見た目で「何かが起きた！」とわかるだけに、早く治して（消して）ほしい気持ちになります。本人を驚かせる病状ではありますが、体からの大切なお知らせ反応であることを教えてあげましょう。

ことばがけ例

・びっくりしたね、先生もだよ。
・そういえば、あのとき何をしていたか、教えてくれる？

情報を残そう

● 写真を撮ろう

皮膚症状の多くは、診察のときには消えていたり変化していたりすることがあります。実際の発疹を見ないと診察も難しいもの。写真を撮影して、経過を見てもらえるとお医者さんもわかりやすいです。

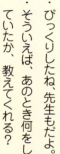

保育者から保護者への連絡

継続したケアを実施するために

「発疹が出た」と言われたときの保護者の気持ち

わが子に発疹が出たと聞くと「（外的要因の）何かがあった」と思います。中には、それをアレルギーや病気なのでは？と思い、悪化を予防するために、発疹が出た原因物質の正体を知りたくなります。

かきむしってジュクジュクとなったきずだらけの皮膚は、毎日の子育てを悩ませる状態のひとつです。皮膚がきずつくと、再生まで1か月近くかかります。長いおつきあいとなるスキンケアは保護者の負担になることがあります。わかる範囲で原因やそのときのようす、どのように対応したかを伝えてもらえると安心します。

保護者への連絡例

場　面

「昨夜発疹が体中に出たが、お迎えのときには何も連絡がなかった！」と怒る保護者との会話
（登園しており、今は状態安定）

↓

伝えたいこと

- 昨日の保育中は特別症状に気づくことはなかった。
- 昨日の保育内容。
- 昨夜の対応や医師の診断結果。
- 自宅で安静にすること。

↓

説　明
（だれが・いつ・何があったか・どのようにかかわったか）

「体のどこまで出たのですか？そのときのＩ君のようすはどうでしたか？　お母さんはどのようにされたのですか？　今はどのような状態でしょうか？
（ひとつひとつやりとりをしつつ）
帰宅後大変だったのですね。昨日お迎えのときまで、特別何かに刺された跡があるとか、かゆみや、見える範囲で発疹もなかったので、衣服をめくるまでは確認していませんでした。原因が思い当たるところがなく、…申し訳ありませんでした…」

↓

次にすること

「お医者さんは何と言われましたか？」

↓

フォロー

「落ち着いてくれて幸いです。こちらでも症状が出ないか、気をつけて保育をしていきます」

きず（すりきず・切りきず・かみきず）

● 考えられる原因

転ぶ　　　引っ掛かる
かまれる　当たる　ほか

湿潤療法 ⇒ P.94
参考・鼻血止め ⇒ P.97

きずは、力がかかって皮膚や血管が切れた状態

子どものきずの特徴

子どもの皮膚は大人の約半分の厚さできずつきやすく、血液循環量も多いため小さなきずでも出血しやすいものです。しかし、血しょう板の数は大人と同じくらいあるので出血しても血が止まりやすい傾向にあります。

しかし、せっかく固まったかさぶたを外してしまったり、かきむしってしまったりすることも多く、なかなかきずが治りません。さらに患部に触れた手で体のあちこちを触ってしまい、とびひになりやすいのも特徴です。

きずができた！ どうする!? 新人わーこ先生

かまれてきずができた、どう対応する!?（A君 1歳児）

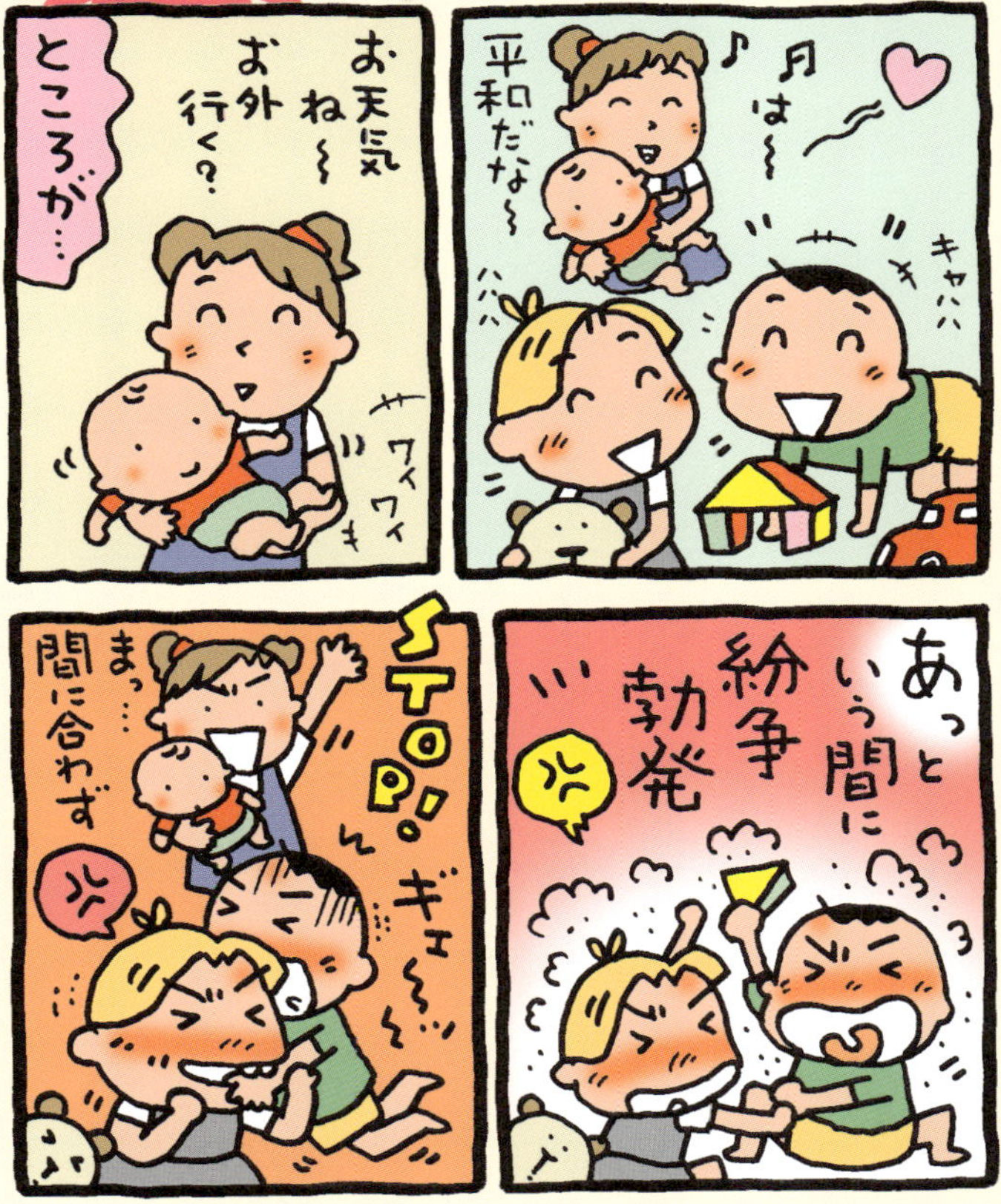

4ステップで、こうしてほしい＆こうするべき！がすぐわかる

- 発生時 Step1 まずのケア！ P.90
- 発生時 Step2 観察のポイント P.92
- 安静時 Step3 落ち着いてからのケア P.96
- 安静時 Step4 保護者への連絡 P.98

いたい…

まずはこれ! きずができたときのケア

きずによる出血や感染を予防することから

きずの基本ケア

① 洗う

きずより少し上方から流す
じゃー
直接水圧が当たらないように

砂や泥、細かいゴミなどを30秒を目安に洗い流し、きずの深さを確認しましょう。

②(血が出ていれば)圧迫止血する

ぎゅ
心臓より高く
押さえられて出血も止まる!!

きれいな布を当てて押さえます。出血したところが心臓より高くなるようにします。

③ 冷やす

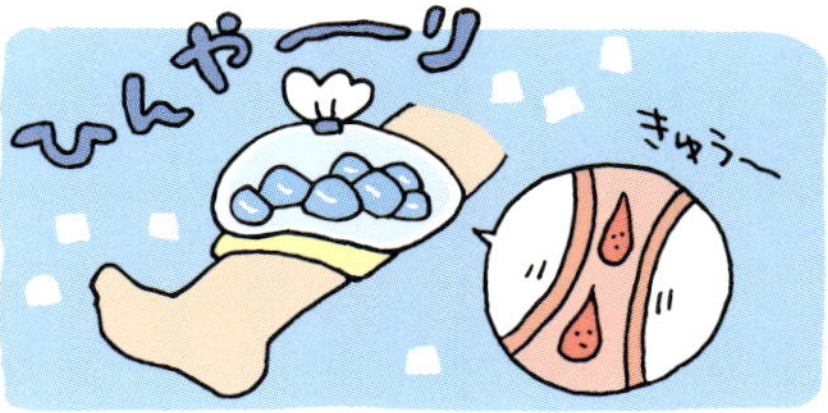
ひんやーり
きゅう〜

冷やすことで血管が収縮し、出血を抑えられます。

こんなきずは心配!

この場合は救急車

- 顔色が悪い・意識がなくなった・出血が大量
- ヘビにかまれた・毒性のある昆虫に刺された
- 深く物が刺さって取れそうにない

早めの受診が必要

- 止血しても15分以上止まらない
  →**出血が深い可能性**
- 皮下組織までパックリ切れた
- 動物にかまれた

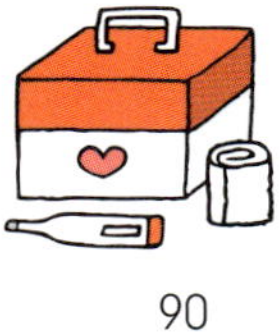

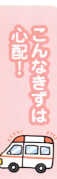

④ 具体的なきずのケア

【切りきず】

離れた皮膚を医療用テープや絆創《ばんそう》膏《こう》でくっつけます。きずが深いときは病院で縫合します。

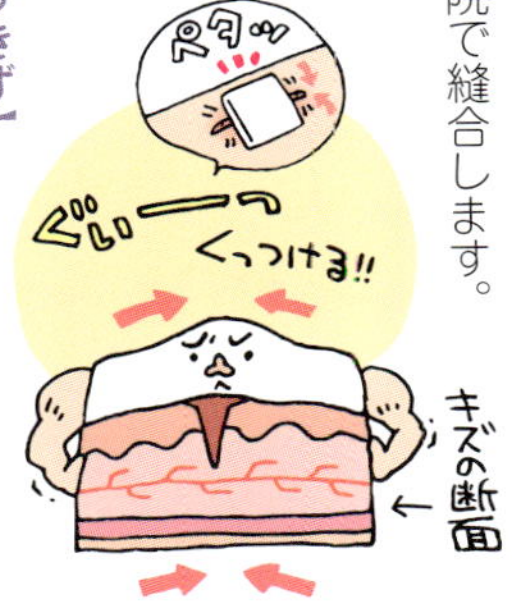
ペタッ
ぐぃーっ
くっつける!!
キズの断面

【すりきず】

皮膚の再生を促すように外部刺激から守るように、絆創膏やモイストヒーリング剤（湿潤治療剤）で覆います。これで皮膚の再生を促していきます。

ペタッ
守るように
覆う
ぺと一っ
キズの断面

【かみきず】

動物にかまれたときは、鋭い牙が食い込むことで、きず口から感染しやすいため、すぐ水と石けんで洗い流し、病院を受診しましょう。

※子ども同士なら、水で洗って後はすりきずと同じ処置でいいでしょう。

しゃーっ

がるるる

【舌を切った】

きれいな布を当てて押さえて止血します。奥の方で、きずが見えない場合は受診しましょう。

血が止まらない!
見えない!
病院へ!!

子どもへのことばがけ

① 本人へ

きずができるほどのけがは、痛みを伴って気持ちが不安でいっぱいです。黙々と処置をせず、ひとつひとつの動作の説明とともに、励ましのことばかけで安心感を与えていきましょう。

ことばがけ例

・次の絆創膏をはって終わりだからね。

② ほかの子どもたちへ

見た目で痛そうと感じさせるのがきずの特徴です。「こうしたらだいじょうぶになるよ」と処置の流れを説明しながら見せてあげましょう。

ことばがけ例

・血が出たら、こうやって止めるんだよ。

いたい…

きずができたときの観察のポイント

感染と出血の合図をすばやくキャッチ！

きずができたときの観察チェック

まずはチェック！　きずのようす

子どもを見よう！

- □ 部位
- □ 出血の有無
- □ 深さ
- □ 範囲
- □ なにか刺さっているか
- □ 腫れているか
- □ その部位は動かせるか（足なら足の先）

落ち着いてからチェック！

- □ 痛みが気になり食が進まない
- □ ジクジク痛くて眠れない
- □ 痛くて遊ぶ元気がない

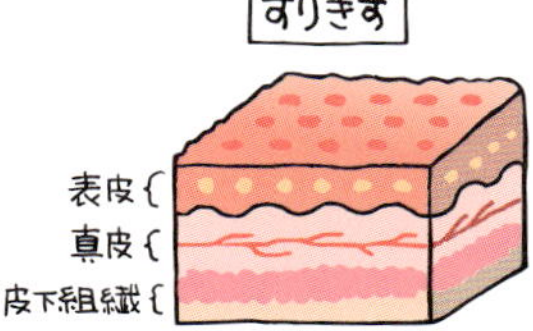
すりきず
表皮
真皮
皮下組織

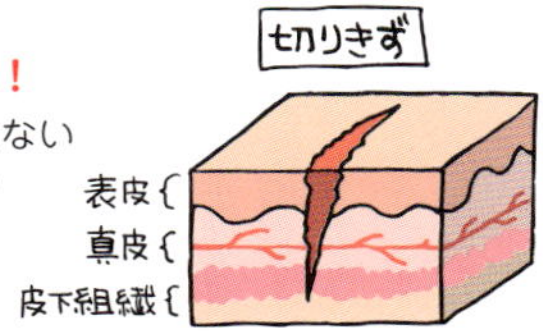
切りきず
表皮
真皮
皮下組織

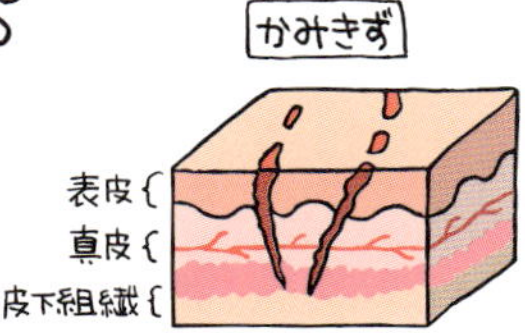
かみきず
表皮
真皮
皮下組織

きずの病態

きずができたときに予防したいのは、感染と再出血です。皮膚の下には細胞や血管、リンパ管があり、菌やウイルスにとっての栄養と活動しやすい温度環境もありますので、感染が起きやすくなります。

　きずができたとき、皮膚はおおよそ24～48時間で表皮が覆われます。つまりきずができてから速やかに洗い流すことが大事です。ただし、鋭利な刃物などが刺さった場合は抜くと大量の出血が起こる場合がありますので、その物を抜かずに病院に連れて行きましょう。

大切な情報をメモ

きずができたときは、皮膚の損傷と動きに影響がないかを見ます。子どもはきずができやすいものの回復も早いため、外科的処置がいることはよほど重傷なときだけです。基本のケアを覚えて、元気に遊ぶ子どもの日常をサポートしてあげましょう。

A君の病状のお知らせ（1歳6か月）

体重　10.2kg（9月計測）
体温　36.3℃（8：40計測）

主な病状…（かみきず）

- 手をかまれる。
- 出血なし、腫れなし。

現　状

- 食べる、寝る、遊ぶ…いつもどおり。

経　過

9：30	室内で各自おもちゃで遊び始める。
10：15	手を押さえて泣いている。歯形あり。相手も泣いている。ふたりを離す。手を冷やし、だっこしていると泣きやみ寝る。
12：00	給食時、かみきずのある右手を使う。

※観察チェックの内容を参考に記入。

お医者さんに聞きました

Q. かまれた跡は、水で流しながらもむと、かまれた跡が残らないって本当?

A. 残念ながら誤りです。かむと圧力が皮膚に加わると毛細血管や細胞が切れたり壊れたりします。もむということは、この壊れた状態を広げることなので、内出血があれば広がり、痛みも出やすくなります。かまれたときにはもむ行為は控えましょう。ただし、冷やすことや手を添えて行為をするのは子どもも安心しますし、止血効果もあり、いいでしょう。

新しいきず対応

湿潤療法

湿潤療法って何?

湿潤療法は、痛みも少なく、しかもきず跡が残りにくくきれいに早く治るといわれています。きず口から出る薄黄色の滲出液を乾かさないようピッタリと覆い、潤わせた状態で皮膚の自然治癒力を高めて治す方法です。

従来の「早く乾かしてかさぶたを作って治す」方法は、乾燥法（ドライヒーリング）といいます。1962年に研究結果が発表され、これを応用した、絆創膏やラップ治療があります。

湿潤療法の手順

① 洗う

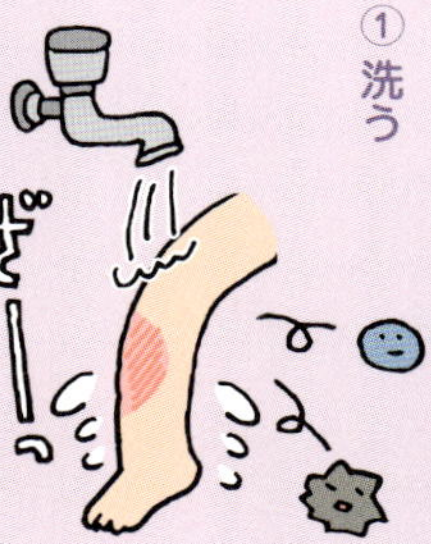

30秒以上洗い流して、砂やゴミやばい菌を落としましょう。

② 水気は乾かす

湿潤環境は、滲出液で作り出します。

③ 市販の湿潤療法用絆創膏をはる

湿潤療法がいいきず・まず病院に行くきず

★湿潤療法向けのきず

すりきず

転んだすりきずなど。

紙で手を切ったきず

紙や木の葉で皮膚が少し切れたきず。

軽いやけど

皮膚が赤くなっている。水ぶくれがない状態。

靴ずれ

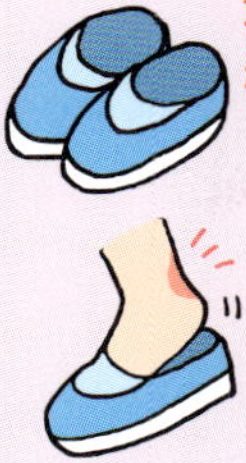

水ぶくれはつぶさない。

★湿潤療法が向かない・病院に行くきず

パックリ裂けたきず

深く、真皮まで見えることも。

かみきず

主に動物の牙に深くかまれたきず。

刺しきず

ひどいやけど

水ぶくれができていたり、ただれていたりする状態。

お医者さんに聞きました

Q. どうして消毒がいらないの？

A. きずができたときに消毒するのは、化膿を防ぐためといわれてきました。しかし、近年研究が進み、消毒液は皮膚のきずを治そうとする皮膚の細胞に影響を与え、逆に治りを遅くすることや、消毒液による殺菌効果は一定時間しか続かないことがわかりました。水で十分に洗い流すほうが皮膚を清潔にし、自然治癒力も発揮できるようです。

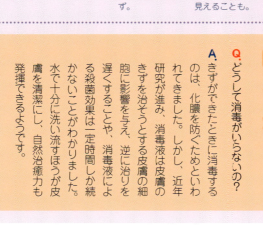

安静時：Step3
きず

落ち着いてからのケア

きずの悪化から守りたい

体に優しく

① 座って休憩

おしりをしっかり着けることで、立っているよりも体圧が分散され、リラックスできます。

② 動きを確認

自分で動かせると、怖かったスイッチも解除できます。

心に優しく

きずができると、子どもはビックリします。特に血が出ることにはショックを受けることがほとんどです。ここでは、ゆっくり、優しく、やや低めの声で話しかけましょう。

ことばがけ例

- もうだいじょうぶかな？
- どこが痛かったの？
- 痛いの痛いの飛んで行け～

備えておこう

いつでも処置できるように、遊ぶときは救急箱をそばに置いておく。

- □ 清潔なガーゼや包帯
- □ 水（蒸留コットン）
- □ ティッシュペーパー
- □ タオル（手ぬぐい）
- □ 冷却剤
- □ 簡易カイロ
- □ 消毒液（※園の方針に合わす）
- □ ビニール袋
- □ テープ（サージカルテープ）
- □ 綿棒
- □ 絆創膏

近くに水道などがあれば、水は救急箱から使う必要はありません。

参考 子どもの鼻血止めセルフケア

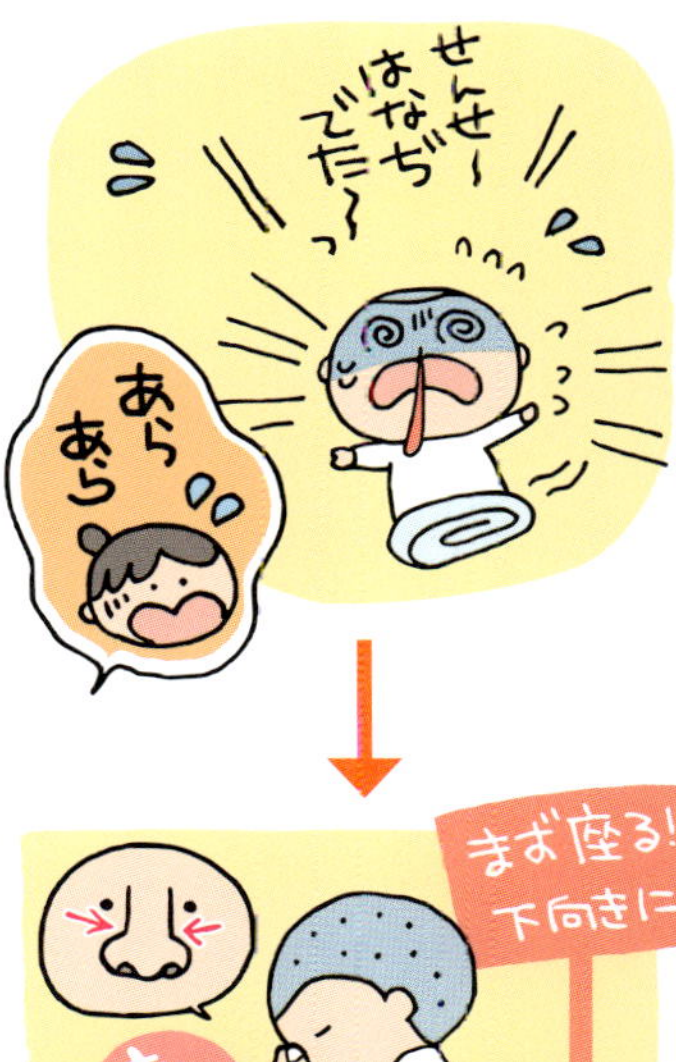

×これはしないで！

上を向いたり、首をトントンしたりすると、血がのどの奥に流れやすく、吐き気を誘発します。

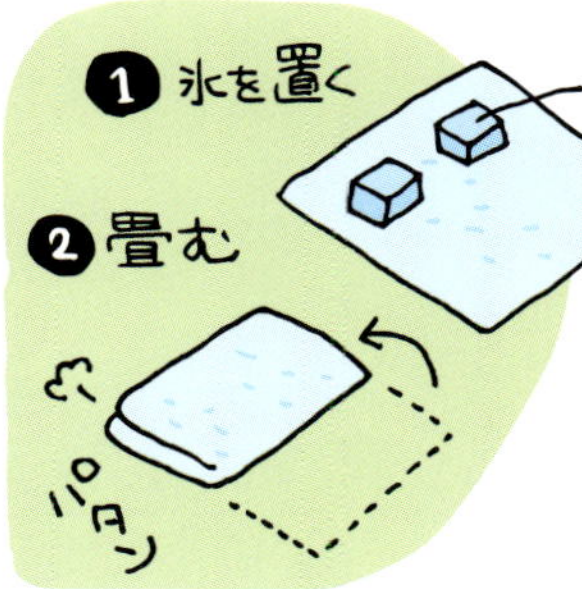

製氷皿の氷を２つ置いて、ミニタオルで包む。

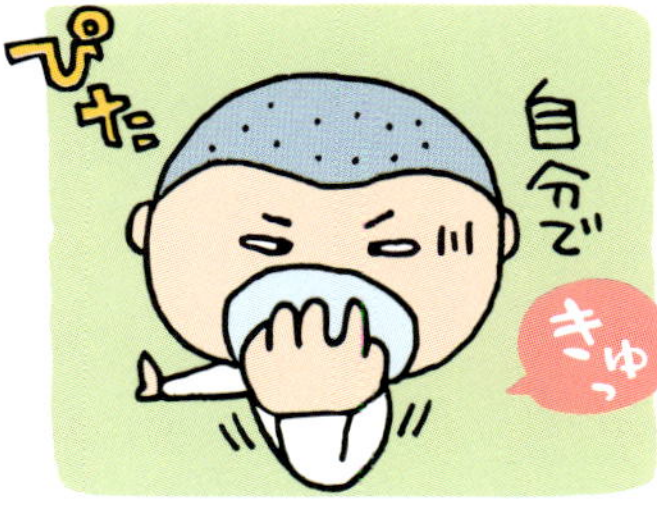

子どもの鼻の右と左に挟ませて自分で押さえるようにすると、適度な圧迫と冷却が自分でできます。

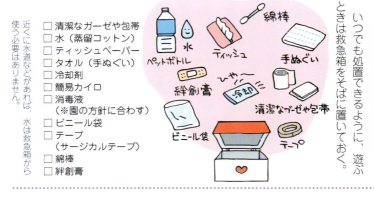

保護者から保護者への連絡

継続したケアを実施するために

「きずができた」と、言われたときの保護者の気持ち

わが子にきずができたと聞くと、「病院で治療が必要なの？」というきずそのものに対する心配と、「何があったのか？」「なぜきずができたのか？」という原因が気になります。

実際に絆創膏をめくって、思ったよりも悪い状態だとショックを受けたり怒りがわき起こったりすることがあります。もしもきずができたときは、お迎えのときに直接きずを見てもらいましょう。

そして、適切な処置をしたことや精いっぱいのことをしたこと、今後どのように対応していこうと考えているかなど、真剣な姿勢を伝えると保護者には事実を正しく受け止めてもらいやすくなります。

保護者への連絡例

場　面

お友達とおもちゃの取り合いになり、手の甲をかまれたA君の母親に状況を説明する。

↓

伝えたいこと

・かまれた跡は残っている。
・適切に処置した。
・今後の対策について。

↓

説　明
（だれが・いつ・何があったか・どのようにかかわったか）

「今日の午前に遊んでいて、お友達とおもちゃの取り合いになり、相手の子に左手をかまれてしまいました。
とっさのことで、少し離れた私たちも間に入れず、結果としてけがをさせてしまいました。申し訳ありませんでした。A君とその子はすぐに離して、かまれた手は冷やし、動きに問題がないかを確認してから応急処置をしています」

↓

次にすること

「あとでいっしょにきずを見てください。もしも、帰ってから痛みが出たり、腫れたりするなどおかしいと思うことがございましたら、園にご連絡ください」

↓

フォロー

「今後はこのようなことが起こらないよう、私たちも目配りや声かけに努めて参ります。

保護者に伝える場合

① 手当て

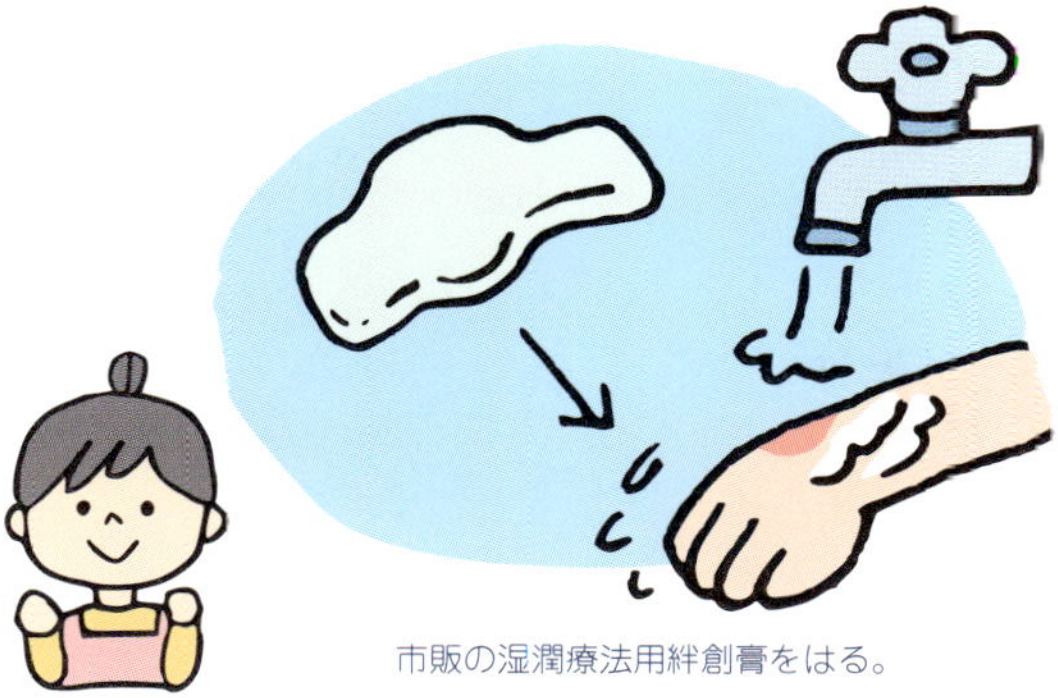

市販の湿潤療法用絆創膏をはる。

② おふろ

皮膚がきずついているので、温熱刺激にヒリヒリします。

① シャワーをかける程度にする。
② 湯はぬるめにする。
③ 初めは手を当ててかけて、少しずつ慣らして手を外していく。

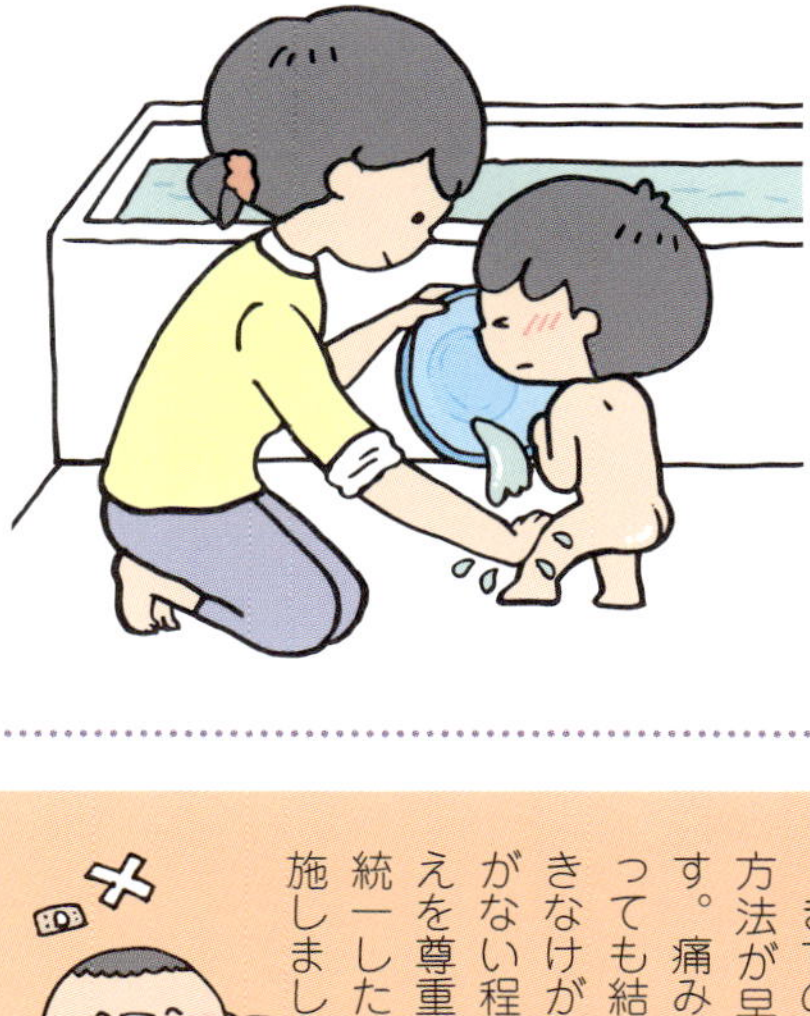

絆創膏ははっちゃだめ？

昔から子どものけがのお供の絆創膏。はってあげると、子どもはホッとします。「痛いけどがんばったよ！」って、勲章みたいなものですね。ササッと使える便利さもありがたいアイテムです。

きずの治りを考えると、どの方法が早いかきれいか悩みます。痛みが現れる程度の差はあっても結果的には治ります。大きなけがや医師から特別な指示がない程度ならば、保護者の考えを尊重しつつ、かかわる人が統一したケアをできるように実施しましょう。

打ち身

・転んだ
・頭を打った

考えられる原因

バランスを崩した
障害物に当たった
当てられた

頭を打った ⇒ P.106

打ち身（打撲傷《だぼくしょう》）とは、皮膚が切れずに内側で出血した状態

どうして子どもはよく打つの?

子どもはハイハイ・たっちなど移動ができるようになると、刺激を求めてどんどん動き回ります。

しかし、運動神経やバランスの取り方が未発達で、大人より相対的に体重に占める頭の割合が大きく、アンバランスです。そのため、左右に揺れたり前傾姿勢となったりして転びやすくなっています。

成長発達とともに、転ぶ回数は減っていきます。

打った！ どうする!? 新人れーこ先生

START

転んで頭を打った、どう対応する!?（G君　1歳児）

4ステップで、こうしてほしい＆こうするべき！がすぐわかる

- 発生時 Step1 まずのケア！ P.102
- 発生時 Step2 観察のポイント P.104
- 安静時 Step3 落ち着いてからのケア P.105
- 安静時 Step4 保護者への連絡 P.108

発生時：Step1
打ち身

こけっ

まずはこれ！打ったときのケア

痛みを最小限にすることから

RICE処置で対応

① 安静（REST）

体は動かさない!!
座る
だっこ
寝る

おしりを着けて体と地面（床）との接地面積を広くして安静にさせます。座っていると患部の確認もしやすくなります。

② 冷却（ICE）

痛み刺激をひんや〜り

冷やすことで出血を抑え、痛み刺激を緩和することができます。

③ 圧迫（COMPRESSION）

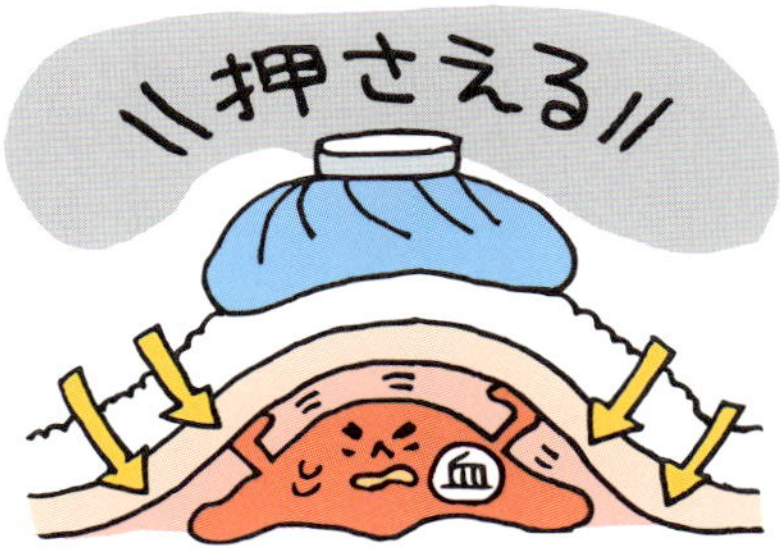
押さえる
血

内出血や腫れの広がりを抑えます。

④ 高挙（ELEVATION）

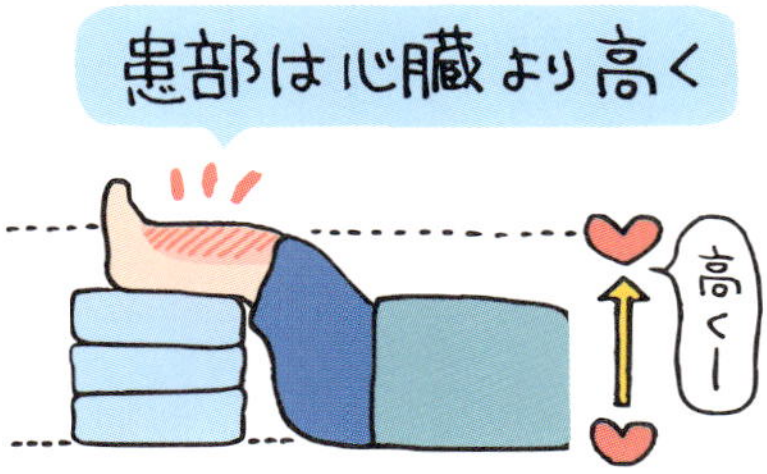
患部は心臓より高く
高くー

患部が心臓よりも高い位置にあると、血液が心臓に戻りやすくなり、体の負担が軽減されます。

子どもの顔を見ることから

打撲による衝撃で血の流れが悪くなったり息苦しさが起こったりすることもあります。こんなとき、子どもは正直です。苦しい表情をしていたり遊ぶ元気がなくなり静かになります。衝撃の程度を知るためにも、まずは子どもの顔から見ましょう。

言葉以外のメッセージをキャッチしよう!!

表情や顔色、声の大きさなど言葉以外のメッセージを受け取ってあげましょう。

子どもへのことばがけ

① 本人へ

転んだり打ったりすることは、子どもにとって日常的に見られます。しかし何度も同じ場面に遭遇してもそのつど真剣に対応してあげてください。

だいじょうぶ?
どうしたの?

② ほかの子どもたちへ

転んだり打ったりすることは、自分自身もお友達同士でのときでもよくあることです。このときにどうしたらいいかを、興味を持ってそばに寄って来た子どもに教えてあげましょう。

どうしたら転ばずにいられたかな?

こんな打ち方は心配!

この場合は救急車

- 息苦しそう・けいれん・意識がない・会話がおかしい

早めの受診が必要

- 繰り返して吐く・頭痛を訴える
  →循環障害や神経症状が起きている可能性
- 手足がしびれてきた
  →神経症状が出ている可能性
- 目の回りが腫れている、見えにくい、ぼやけている
  →眼球を打った可能性

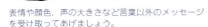

打ったときの観察のポイント

全身状態の変化をすばやくキャッチ！

**これはできるかな？
まずはチェック！ 子どものようす**

□食べる　□眠る　□遊ぶ

打ったときの観察チェック

どう打った？
- □ 打った体の場所
- □ 何が当たったか
- □ 高さや速さ
- □ 炎症反応（痛み、腫れ、熱感、発赤）

子どもを見よう！
- □ 痛みの程度、泣き方
- □ 体を動かせるか
- □ 顔色
- □ 吐き気

ほかの症状は？
- □ 頭痛
- □ めまい
- □ 会話の受け答え

打撲傷の病態

打撲傷とは、転んだりものがぶつかったりするなど外からの力が掛ったきず口を伴わない体の損傷です。

血管がきずつけば出血量により血の塊ができてたんこぶのようになったり発赤や暗紫色になったりしますし、血の塊や組織の腫れが進むと周囲の神経を圧迫して、痛みやしびれなどの感覚や運動麻痺が現れることがあります。修復に必要なさまざまな物質や酸素が体中から血液といっしょに運ばれてくるので、損傷部分の血流が増え、損傷部分が腫れたり赤くなったり熱くなったりと炎症を起こします。

落ち着いてからのケア

打撲の痛みから楽にしてあげたい

体に優しく

★安静

打撲により、体の中では修復のために炎症反応が起こったり、いろんな栄養や物質を消費したりしています。見た目は元気なようすになっても、ひと休みさせてあげましょう。

心に優しく

打撲の痛みは、受傷直後より後からじわじわやってきます。「見えないけれどお化けは怖い」のといっしょ。体の中でけがと痛みがあると思いながらかかわってあげてください。

ことばがけ例

・痛いの痛いの飛んで行け〜

・このくらいで済んでよかったね。心配したよ。

環境から優しく

子どもの体型として、左右前後に揺れがちです。足元の小さな障害物でもバランスを崩したりして転ぶ原因になります。

知っておきたいこの状況

頭を打った

確認の手順

① 泣いている?
泣いているということは、意識があり、呼吸ができている証拠です

② 返事ができるか、ものを目で追えるか
意識がしっかりしているか、脳神経に影響がないかがわかります。

③ もしも眠ったら?
いつもどおりに眠るようすなら、問題ありませんが、心配なときは起こして反応を確かめよう。

④ たんこぶや出血の有無

⑤ 受傷の時間と何に当たったか、硬さや形、どの程度の衝撃で打ったのか、けがの状態を伝えるためのメモを残す。

こんなときはすぐ病院
- 白目をむいている
- グッタリしている

こんなときはすぐ病院
- 目が泳いでる
- ろれつが回らない
- らしくない言葉を話す

こんなときはすぐ病院
- 呼吸が苦しそう
- 顔色が悪い
- 何だか胸騒ぎがする

たんこぶの正体は?

たんこぶは、皮膚と骨の間にできた血腫のことです。「たんこぶができると安心か心配か」と聞かれますが、出血の有無とけがの重症度に関係ないようです。それよりも大きさを見ると、どれだけの衝撃があったのか、わかります。できるならば本人が嫌がらない範囲で冷やしてあげましょう。泣く圧力で出血を促し痛みやたんこぶが大きくなることもあるので、あまりに嫌がるときは、冷やさずようすを見ましょう。

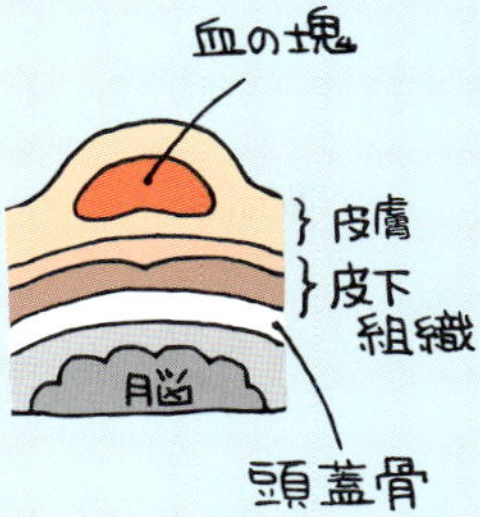
血の塊
皮膚
皮下組織
脳
頭蓋骨

子どもの頭の特徴

乳幼児の頭蓋骨はまるでパズルのピースのようにつながっています。出産のときは、頭の接合部をずらしながら産道という狭い道を通って出てきます。この骨同士の間のすき間を「泉門（せんもん）」といいます。このすき間は成長とともに周囲から骨が広がってきて塞がれます。

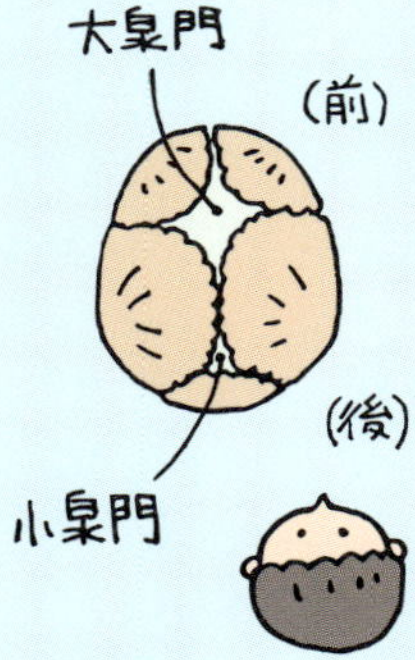
大泉門
(前)
(後)
小泉門

※大泉門
早い子どもで3か月ごろから閉じ、1歳6か月ごろにはほとんどの子どもが閉じています。

※小泉門
1か月ごろで閉じます。

お医者さんに聞きました

Q. どれだけ安静にしていたらいいのでしょうか?

A. 頭を打ったときに症状として現れやすい時間帯に、すぐ症状が出る4時間内、ゆっくり症状が出る48時間内が目安です。頭を打ってすぐCTを撮っても出血が小さくて画像に映らないこともありますので、時間と併せた経過観察が大切です。

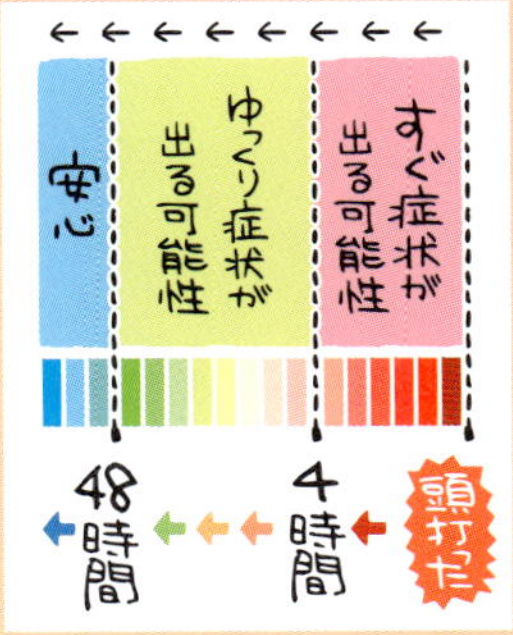
すぐ症状が出る可能性
ゆっくり症状が出る可能性
安心
頭打った
4時間
48時間

保育者から保護者への連絡

継続したケアを実施するために

「打撲した」と、言われたときの保護者の気持ち

保護者としては、打撲したと聞くと、どの程度のけがなのかが気になります。遊んでいて転んでひざを打ったと聞くのと、頭を打ったと聞くのでは心配度が違います。打撲は目に見えない体の中の出来事です。そのため、想像が膨らみ、悪いほうへ悪いほうへと考えやすくなります。

どのような状況で何があったのか？ 帰宅後に病院に行くべき症状は何か？（繰り返して吐く・顔色が悪い・痛みが出る・息苦しいなど）観察するポイントを伝えられると、「ようすを見てください」とだけ言われるだけよりも納得して子どものようすを見ることができます。

保護者への連絡例

場　面

台の上から落ちて頭を打ったG君の状態の連絡。

↓

伝えたいこと

- 高さ15㎝の台から落ちて頭を打ったこと。
- 応急処置をし、4時間は異常がなかったこと。
- 今後の経過観察について。

↓

説　明
（だれが・いつ・何があったか・どのようにかかわったか）

「G君が今日伝い歩きをじょうずにしているな、と見ていたのですが…一瞬目を離した間に台に上がり、そこからフローリングの上に落ちて頭を打ってしまいました。衝撃は強くなかったようですが、けがをさせてしまい申し訳ありません。念のため頭を打ったときに要注意で見る4時間は何事もなく過ごせていました」

↓

次にすること

「ただ、ゆっくり症状が変わることもありますので、48時間は、「繰り返し吐かないか」「顔色が悪くなっていないか」「痛がっていないか」をご家庭で見ていただけますか？」

↓

フォロー

「今後は、今と同様に身の回りのかたづけをしつつ、今以上に目配りをして参ります。この度は本当にすみませんでした」

保護者に伝えたいおうち看護の例

① おふろはお休みする

湯船に入ることで血の巡りがよくなって痛みやけがをした範囲が広がることもありますから、シャワー程度にしておきましょう。

② 保護者の目が届く範囲で遊ばせる

③ 「冷やす」「温める」のタイミングを守る

受傷した直後は、出血や組織の損傷から冷やすことが基本です。しかし、打撲やねんざ、痛みの部位によっては温めることで回復を促すこともあります。お医者さんに聞いておきましょう。

④ 受診の用意をしておく

もしも、落ち着いた後で

・急に顔色が悪くなった
・打撲した部位を激しく痛がる
・息苦しそう
・繰り返し吐く

などの症状が現れたときは、体からのサインです。病院を受診しましょう。

脱臼
・腕が抜けた

● 考えられる原因

引っ張った
何かに当たった
無理に回した

脱臼は、関節が外れて元に戻らない状態

脱臼ってなに?

脱臼とは、関節を構成する骨が外れ、元の正常な状態に戻らない状態をいいます。完全に関節が外れたものを完全脱臼、位置がずれたものを亜脱臼といいます。

子どもの脱臼のほとんどは、ほかの人が引っ張ったりするなど外部の力が加わったときに起こります。基本的に自分の体重は支えられるはずですが、例外もあります。

脱臼した！ どうする!? 新人わーこ先生

START

脱臼して腕が抜けた！ どう対応する!?（Fちゃん 4歳児）

4ステップで、こうしてほしい＆こうするべき！がすぐわかる

発生時 Step1 まずのケア！ P.112

発生時 Step2 観察のポイント P.114

安静時 Step3 落ち着いてからのケア P.115

安静時 Step4 保護者への連絡 P.116

発生時：Step 1
脱臼

まずはこれ！脱臼したときのケア

脱臼による痛みを和らげるところから

動きを確認してみる

脱臼を起こしたときは動かすと強い痛みが出て動かせません。

応急処置（RICE法）

けがをしたときの基本の応急処置です。脱臼以外にも打撲やねんざでも同じです。

①R（REST＝安静）

本人が痛がらない状態で押さえたまま病院へ行きましょう。無理に整復させる必要はありません。

②I（ICE 冷却）

腫れたり熱を持っていたり、痛みが強かったりする場合は、患部を中心に広めの範囲で氷嚢《ひょうのう》を当てる。

③C（COMPRESSION＝圧迫）

④E（ELEVATION＝高挙）

肩ならば痛がらない状態で三角きんで首からつるし、片方の手でサポートするように手を添える。上半身の脱臼の場合は、固定した位置のままで安静にすることで、十分である。

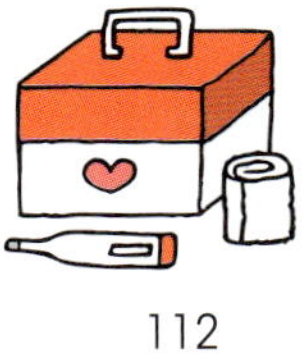

固定の方法

① 三角きんを使用

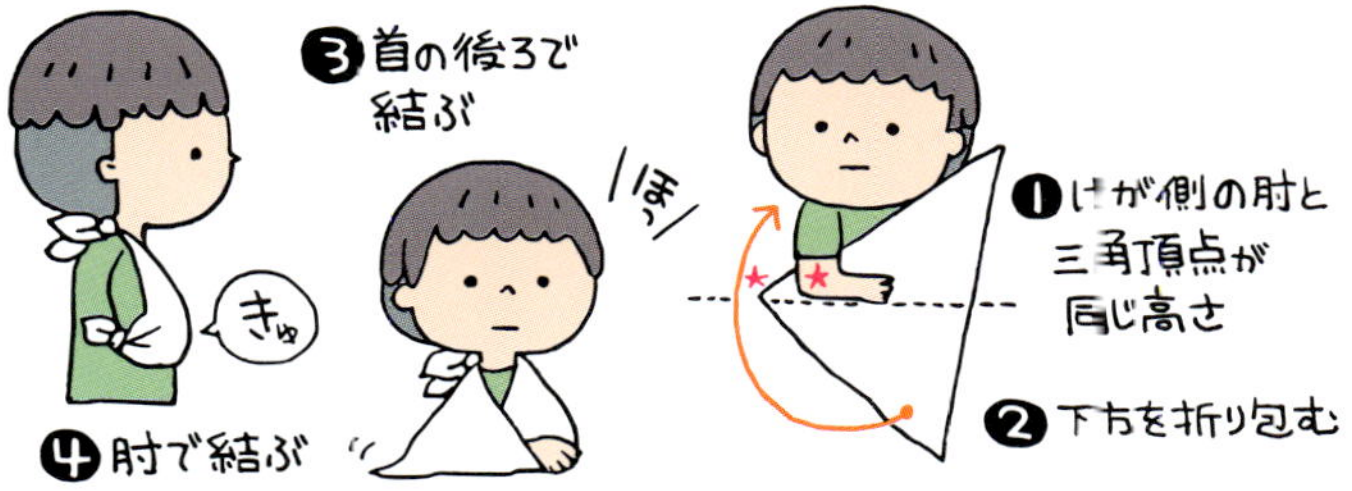
❶けが側の肘と
三角頂点が
同じ高さ
❷下方を折り包む
ほっ
❸首の後ろで
結ぶ
きゅ
❹肘で結ぶ

② 身近なもので簡易固定

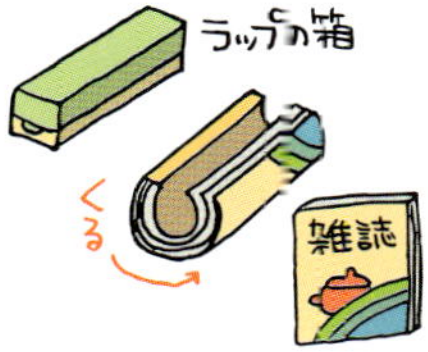
ラップの箱
くる
雑誌

① ラップの箱を切ったり、雑誌などを丸めたりして中に腕を入れる。

ラップを巻き固定

② ラップを巻き三角きんなどで簡易固定する。

③ 身近なもので代用

2cm
残す

① 大きめのレジ袋の片側側面を下から2㎝ほど残して切る。（両側面を切り落とし、輪にするのみも可）

② 腕を入れる（肩ひもの長さは調整する）。

こんな状態は心配！

早めの受診が必要

- 皮膚が青黒くなってきた
  → **血行障害の可能性**
- 関節が外れたり、変形したりしている
  → **周辺組織の損傷の可能性**
- 動かせない
  → **神経障害や痛みの増強の可能性**
- くぼみができている
  → **完全脱臼の可能性**

脱臼したときの観察のポイント

神経や組織損傷の状態をすばやくキャッチ！

脱臼したときの観察チェック

まずはチェック！ 脱臼のようす

脱臼のようす
- □ 部位
- □ 炎症徴候（熱感・腫れ・痛み・発赤）
- □ 手の上がりぐあい

子どもを見よう！
- □ 顔色・つめや唇の色
- □ 吐き気

状況は？
- □ いつ
- □ どこで
- □ 何をしていてなったか

落ち着いてからチェック！
- □ 痛みが気になり食が進まない
- □ ジクジク痛くて眠れない
- □ 痛くて遊ぶ元気がない

脱臼の病態

脱臼とは骨と骨をつないでいる関節部分が外れて異常な位置で止まっている状態です。子どもの場合は、完全脱臼では肩が多く、位置がずれただけの亜脱臼は腕が多いです。

ただ単に外れるだけでなく周囲の神経や組織もきずついていることが多いので炎症反応や痛みが強く現れます。脱臼は8時間以内の治療が必要といわれていますので応急処置をして速やかに受診しましょう。

落ち着いてからのケア

脱臼による不都合を手助けしてあげたい

体に優しく

① できるだけ触れない

本人は痛くて動かせませんが、外部から動かされると相当痛いです。特に指先などを触られると、体の遠くから振動が伝わり強い痛みを感じることがあります。

固定は緩く結ぶよりもピタッと体に沿うように結びます。

② 移動のときは声をかける

移動のときは「今から立つよ」など声をかけてあげると、本人も意識をすることができて外部からの刺激を和らげることができます。

心に優しく

脱臼をするといつもどおりに動かそうとしても激痛が走ります。大人なら動きを意識して痛みが出ないようにできますが、子どもには難しいものです。行動を制限しながら優しく声かけをしていきましょう。

ことばがけ例

・今は動かすと痛い痛いだからね。そっとしようね。
・（言葉を繰り返して）うん、痛いね。泣くほど痛いね。だから病院へ行こうね。

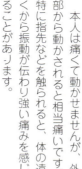

保育者から保護者への連絡

継続したケアを実施するために

「脱臼した」と、言われたときの保護者の気持ち

わが子が脱臼したと聞くと、多くの保護者は動揺します。それは、自分が脱臼した経験や脱臼の知識の有無に加えて、「大人と子どもはからだの造りが違う」という意識もあるからです。何がわからないかもわからない状態に陥りやすいものです。

転倒やだれかが引っ張った・当たったなど、わかりやすい状況であれば納得しやすいのですが、何気ない服を着る動作でも脱臼は起きます。

ようすがおかしいと思ったきっかけや、脱臼だとわかった経過を、本当にささいなことまで説明してもらえると、「そこまでしっかり観察してくれてありがたい」と思うことができます。

保護者への連絡例

場　面

鉄棒中に腕が抜けたＦちゃんの受診について連絡。

↓

伝えたいこと

・なぜ抜けたのか。
・今のＦちゃんの状態。
・代理で病院受診も可能。

↓

説　明
（だれが・いつ・何があったか・どのようにかかわったか）

「ひとりで鉄棒をがんばっている最中、何かのはずみで左腕が抜けてしまったようです。だらん…と、腕が下がり、痛みも激しいので、すぐ応急処置をし、今固定をしながら安静にしています」

↓

次にすること

「とても痛みが強いようですから、早く整形外科を受診させてあげたほうがいいかと思います。お迎えにすぐ来られることはできますでしょうか？　もし難しければ、このような痛みのある状態ですので、代理で病院にお連れしましょうか？」

↓

フォロー

「（依頼があった）
では、今から○○病院を受診します。お昼過ぎるころかと思いますが、戻りましたら報告の電話を致します」

保護者に伝えたいおうち看護の例

① 患部の安静

受傷したことで動かせる範囲が限定されますし、動かすことで病状が悪化します。生活のひとコマに工夫をしてあげましょう。

健康な側でものを受け取れるように渡すときの左右を考えます。

患部の側から着せて健康な側から脱がす着替えをすると、負担が少なくなります。

② 痛みを和らげる

何度も「痛い？　だいじょうぶ？」と聞くと、痛いことに集中させてしまいます。気になる言動があったとき以外は、気を紛らわせるようにしてあげましょう。

処方された痛み止めを飲むことや、冷やすなどで痛みの緩和を図ります。

③ 再発を防止する

無理に引っ張ったり力を掛けたりしないようにはしつつ、触れることを怖がらず積極的にふれあいましょう。

子ども自身も気をつけるようことばをかけておきます。

エピペン®とは ⇒ P.122

救急（ショック・けいれん・誤飲）

救急とは、生命の危機に対する手当て

急変は慌てる状況

子どもの急変をまのあたりにして、ビックリするのは当然です。こんなとき、頭の中が真っ白になるかもしれませんし、どうしようと焦るのに体が動かないかもしれないですね。

ここでは、まず押さえておきたいことだけをまとめておきました。

急変した!! どうする!? 新人れーこ先生

成長したね！ れーこ先生。最後に急変時の対応も学んでおこう！

急変時でも、こうしてほしい＆こうするべき！がすぐわかる

発生時 ショック すぐのケア！ P.120
発生時 エピペン®の使い方 P.122
発生時 けいれん すぐのケア！ P.124
発生時 誤飲 すぐのケア！ P.126

ショック すぐのケア！

まず、呼吸を確保する！

● 考えられる原因

アナフィラキシー、出血多量、感電、溺水（生命にかかわる事故）、心停止、交通事故、SIDS（乳幼児突然死症候群）

下顎挙上法（かがくきょじょうほう）

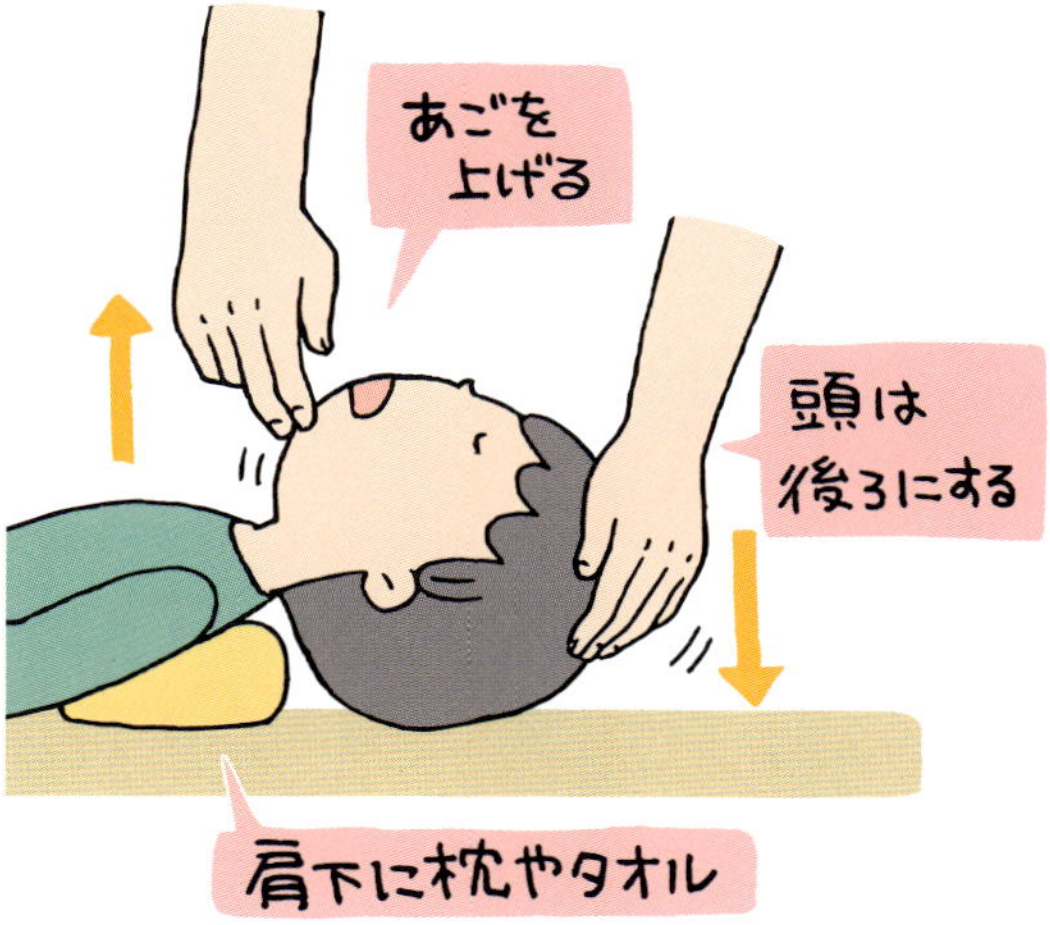
あごを
上げる
頭は
後ろにする
肩下に枕やタオル

ショックって何？

医療の現場で使う「ショック」状態とは、さまざまな原因によって全身に血液が流れなくなり、体の各場所で酸素不足の状態が生じることをさします。

　この場合、速やかにその状態を改善するための治療を始めないと、体のあちこちに臓器不全が起こり、命にかかわります。

うっ!!

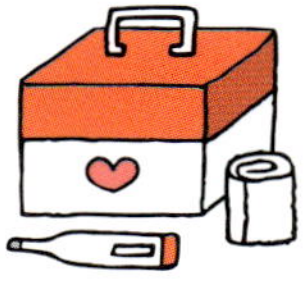

小児一次救命

① 大声で呼ぶ

揺らさないこと。揺らすことで窒息の可能性も出ます。

② 痛み刺激を与える

子どもの意識を確認するときは、末梢神経に痛みを与えてどう反応するかを見ます。

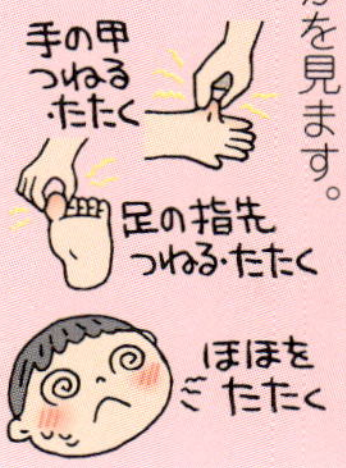

③ 救急車・応援を呼ぶ

反応がない場合、119番にかける、大声で応援を呼ぶ。

④ AED（自動体外式除細動器）の用意

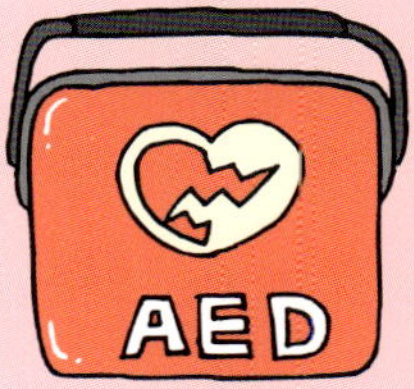

⑤ 気道確保（下顎挙上法）

手を離すと体がまっすぐになるため、肩の下に丸めたタオルを入れて角度を作ります。

呼吸あり → ⑥

呼吸なし → ⑦

⑥ 呼びかけながら救急車を待つ

⑦ 心臓マッサージと人工呼吸

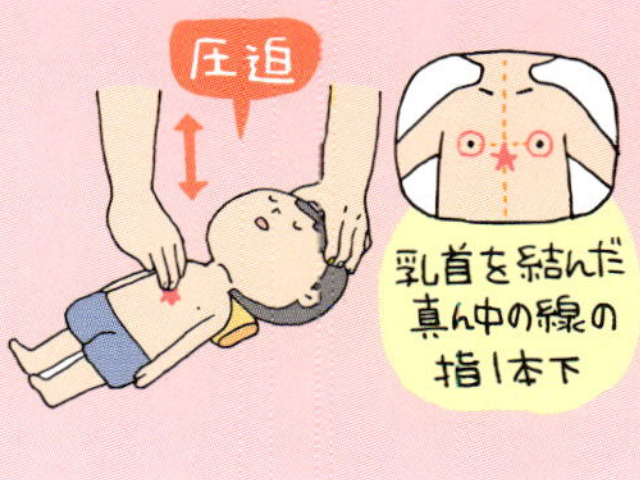

その瞬間に手技を思い出せないこともあります。そんなときに、電話先の救急隊員に「次に何をしたらいいですか？」と指示を仰ぎましょう。

知っておきたいアナフィラキシーショック対策

エピペン®とは

保育者ができる注射

エピペン®はアナフィラキシーショックが現れたときに使用し、病状の進行を一時的に緩和し、ショックを防ぐための補助治療剤です。

注射は医療行為に当たりますが、自分でも打てる簡単な注射器が販売され、有資格者以外の保育者でも緊急避難行為として平成21年より注射することができるようになりました。

アナフィラキシーとは、アレルギーの原因物質により、数分から数十分以内に現れる激しい急性アレルギー反応です。

どんな薬?

●アドレナリン自己注射器「エピペン®」

【効果】
・気管支を広げる。
・心臓の機能を増強して血圧を上昇させる。

【効果の持続時間】
注射後15～20分程度。

【副作用】
副作用があっても、軽微だと考えられています。

●ショック症状を誘発するもの

アレルギーの原因となる主な食品

蜂毒・動物等にかまれ(刺され)る

薬物類

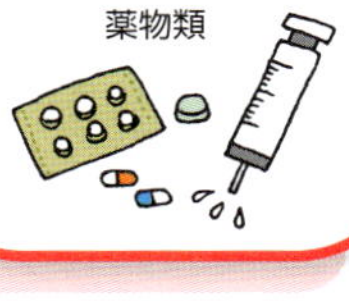

エピペン®注射の実施

● アナフィラキシーショック

血圧が低下
呼吸困難
意識がない

苦しんで暴れている

① **太ももを出す**
難しければ、服の上からでも可。

② **足の上にまたがり固定**
2人いればもう1人は肩を押さえ、上半身を固定。

③ **注射**

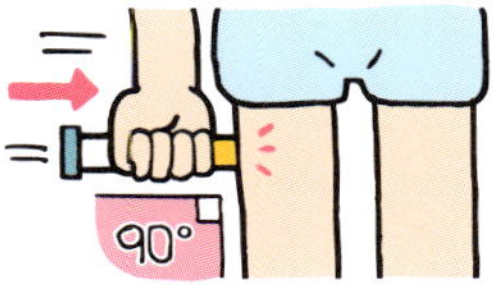

90°

④ **すぐ病院を受診**

ショック状態で動けない

① **気道確保（下顎挙上法）**

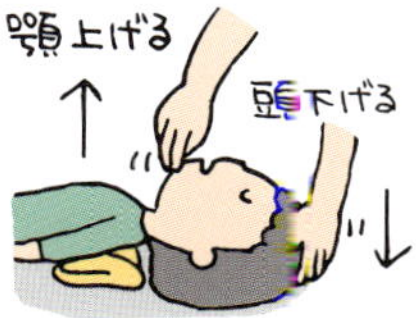

顎上げる
頭下げる

② **太ももを出す**
難しければ、服の上からでも可。

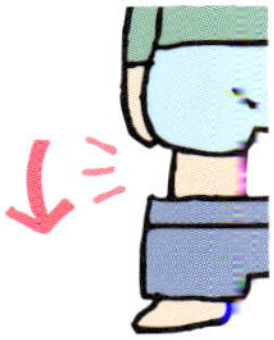

③ **注射**

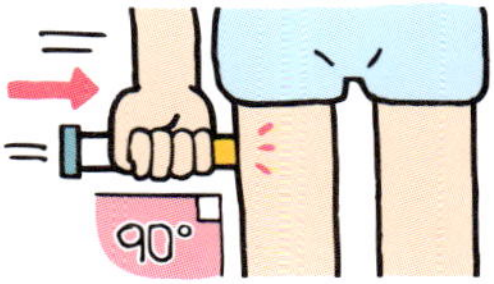

90°

④ **すぐ病院を受診**

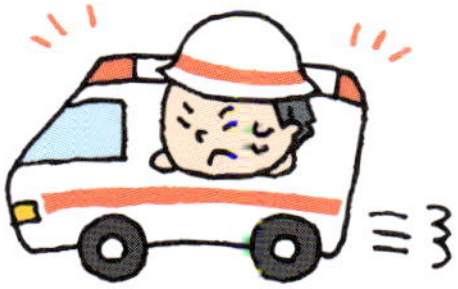

けいれん発作 すぐのケア！

安全を確保するところから

けいれんを起こしたときの対応

★発作発生

① 安全な場所を作る。

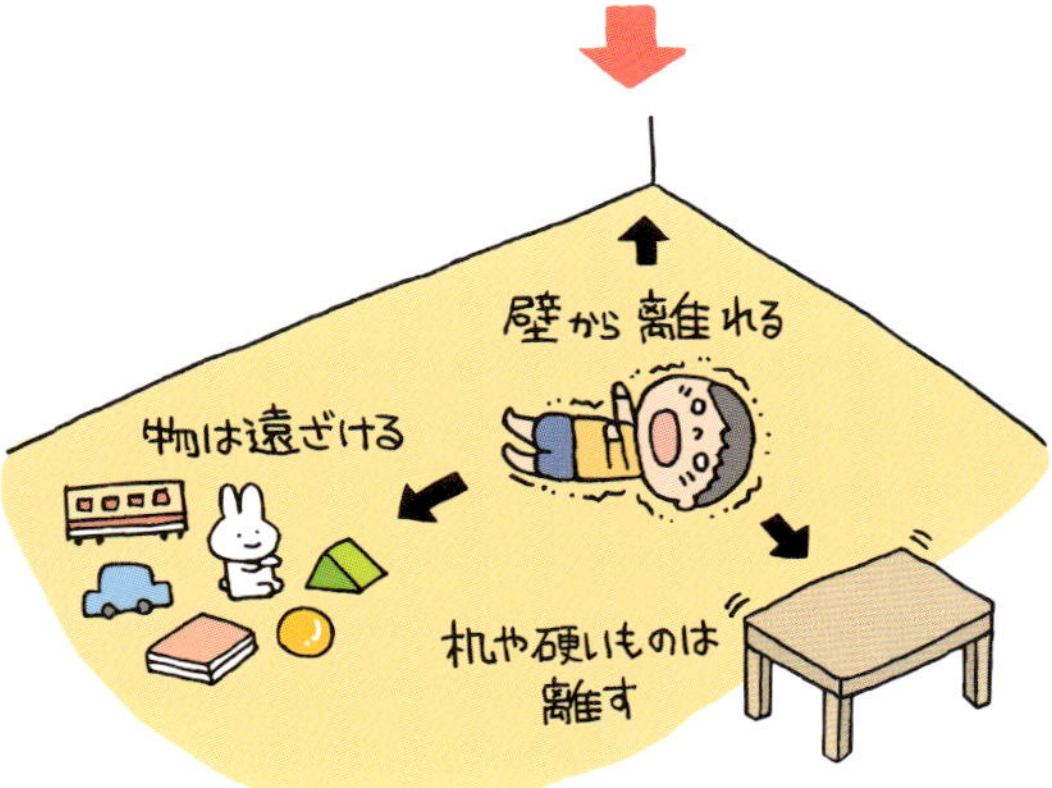

② 顔は横に向ける。

③ **服は緩める。**

④ **状況から原因を考える。**

・中毒や事故→すぐ救急車を要請。
・熱やてんかん→時間を計りようすを観察。

⑤ **観察する**

□顔色 □顔つき □眼球の動き
□けいれん終わりのようす（いきなり止まった・徐々に、意識の回復は急に・徐々に）

熱性けいれん

生まれつき病気がない健康な子どもにも起こることがある、乳幼児に多いけいれんです。

熱の体温調整は、脳の視床下部が神経を通して調整の指令を出しているのですが、脳神経が未発達で急な発熱の多い乳幼児は、この伝達が時にスムーズにできず、混乱のけいれんを起こします。発達に伴い熱性けいれんの発症は減り、7歳以降はほとんど見られなくなります。

40.3℃
2、3分〜10分以内にほぼ落ち着きます

けいれんは予防できないの？

けいれんが起きている理由が解決されればいいのですが、ほとんどの場合は脳神経の未発達や病的なもので、予防することは難しいとされています。

けいれんはいつでも起こりうると考え、すぐ受診できるよう準備（保護者や園の連絡先・子どもの健康記録　など）はしておいたほうがいいでしょう。

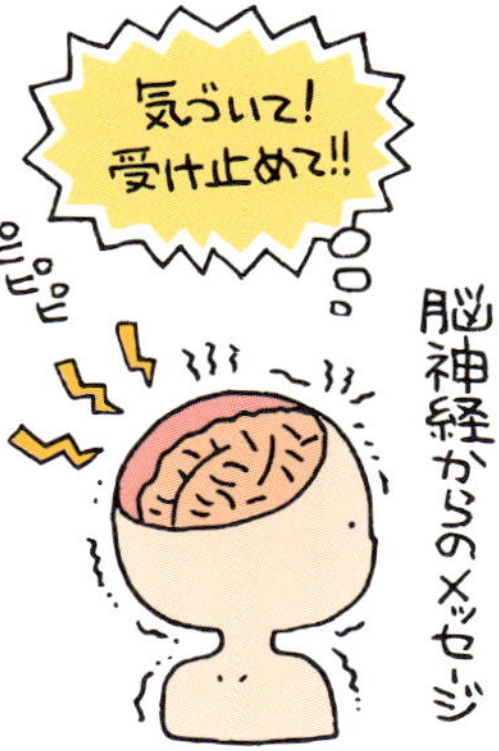
気づいて！受け止めて!!
ピピピ
脳神経からのメッセージ

お医者さんに聞きました

Q. けいれんを起こして、今後の脳に影響はありませんか？

A. けいれんの発作が起きても、脳に直接影響はありません。しかし、けいれんが30分以上長引いたり、気道確保ができておらずに無酸素状態があったり、適切な治療をせず放置しておいたりすると、脳障害につながる可能性はあります。

けいれん発作は、脳からの大切なメッセージです。医師の診断や検査を受けるようにしましょう。

誤飲 すぐのケア！

異物を取り除くところから

誤飲のときの観察チェック

- 急に顔色が悪くなった
- 息苦しそう

- 急にせき込む
- せきが止まらない

異物の吐かせ方

- 口の中に異物が見える

体を横向きにして、ひとさし指でほほに沿ってかき出す。

- 吐かせる

頭を低くして背中を5回たたく。

ひとさし指で舌の付け根をぐっと押さえる。

- 出ない場合（乳児）

肋骨の下側を絞り出すように外から中に向かってぐっと一気に押す。5回繰り返す。

出ない・真っ青・目が白黒・けいれん…これらのときは救急車を。

- 出ない場合（幼児）

子どもの後ろから回り込んで、みぞおちを圧迫する（腹部突き上げ法）。

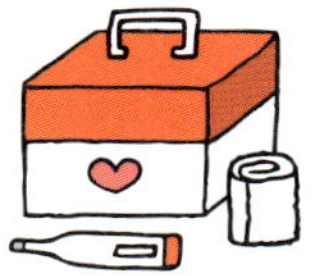

落ち着いていたら？

●せき込むが落ち着いた・平気な顔をしている

落ち着いたということは、気道から胃へ行った可能性があります。ただ、どこか粘膜に刺さって、食道で停滞している可能性も…。口をへの字にしたり唾液がやたらと多かったりするときは、食道にあるという合図です。

ビーズや少し大きめオモチャ
うえぇ〜

●何を飲んだかわからないとき

↓病院受診

●薬品・化学製品を飲んだとき

↓中毒110番（一般専用）で

大阪中毒110番（24時間対応）

☎072-727-2499

つくば中毒110番（9時〜21時対応）

☎029-852-9999

●落ち着いていても受診したほうがいいもの

・先のとがったもの、安全ピンなど

↓何もせず静かに病院へ。

ヘアピン
画びょう
おもちゃの破片

・磁石2個

↓胃壁で挟んでくっつく可能性あり、危険

・ボタン電池

↓胃壁を溶かす危険あり

レントゲンを撮ればわかります

救急車を待つ間

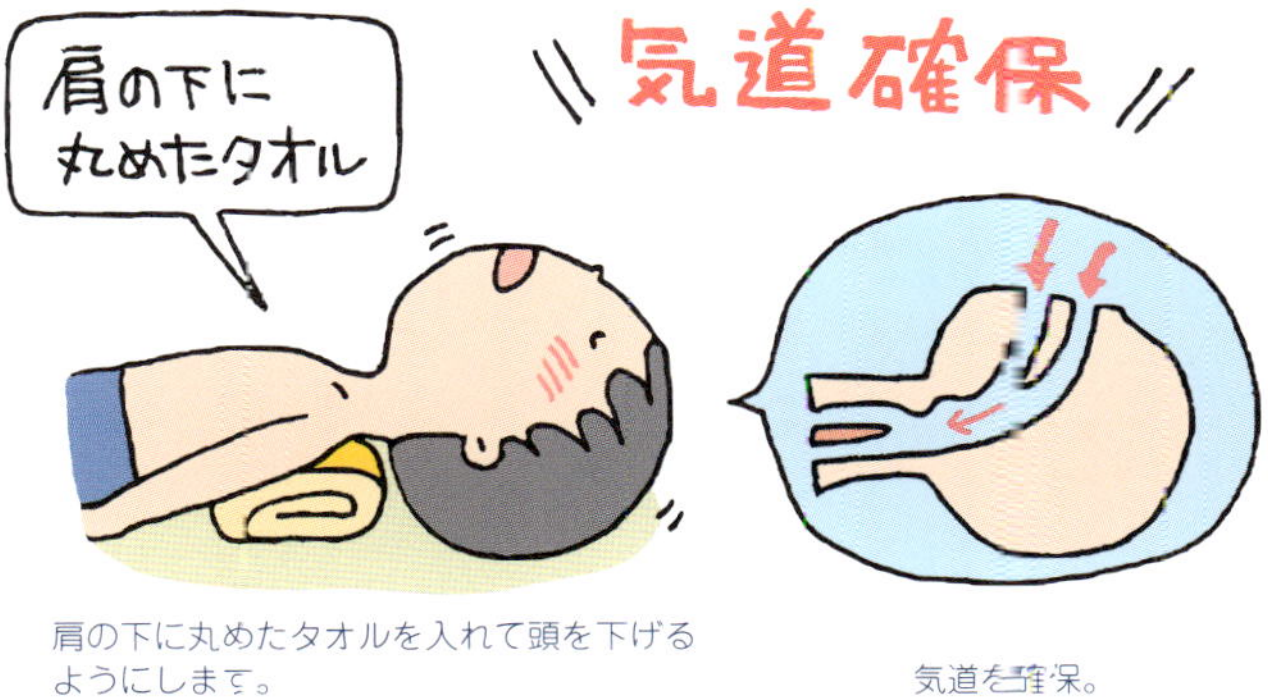

気道確保
肩の下に丸めたタオル

肩の下に丸めたタオルを入れて頭を下げるようにします。

気道を確保。

〈著 者〉

新谷　まさこ（しんたに　まさこ）

看護師・子育てと仕事.com 代表
保育研修や園マニュアルの制作サポート、子ども看護講座を全国から依頼を受けて活動。また現役の大阪府小児救急電話相談員として地域小児医療に関わる。

〈医学監修〉

福井　聖子（ふくい　まさこ）

医学博士・小児科医
大阪府小児救急電話相談上本町事務所長
一般社団法人　大阪小児科医会理事
NPO 法人　小児救急医療サポートネットワーク　代表
NPO 法人　はんもっく　代表

〈本文イラスト〉
佐藤竹右衛門・なかのまいこ

〈本文レイアウト〉
曽我部尚之

〈企画・編集〉
安藤憲志

※参考:「保育所における感染症対策ガイドライン」（厚生労働省　2018年3月）
※本書は、上記ガイドラインを期に全面的に見直しをした改訂版です。

改訂版
よくある
子どもの病気・ケガ まずの対応 マニュアル

2014年 11 月　初版発行
2016年　6 月　4 版発行
2018年　7 月　改訂初版発行©
2019年　7 月　改訂第 3 版発行

著　　者　新谷 まさこ
医学監修　福井 聖子
発 行 人　岡本 功
発 行 所　ひかりのくに株式会社

〒543-0001　大阪市天王寺区上本町3-2-14　郵便振替 00920-2-118855　TEL.06-6768-1155
〒175-0082　東京都板橋区高島平6-1-1　郵便振替 00150-0-30666　TEL.03-3979-3112
ホームページアドレス　http://www.hikarinokuni.co.jp

印刷所　大日本印刷株式会社

Printed in Japan
ISBN978-4-564-60916-9　C3037
NDC376　128P　18×13㎝